大展好書 好書大展

大展好書 好書大展

趣味心理講座 9

性格測驗⑨

戀愛的心理

淺野八郎／著
李玉瓊／譯

大展出版社有限公司

前　言──譜出一段綺麗的戀情

人世間沒有比男女間的關係更複雜了。即使是一見鍾情的對象也可能在二、三次的約會後漸漸無法忍受對方的缺點而覺得俗不可耐。據說美國的一群心理學家曾經在電腦輸入性格、職業、家庭環境等各個條件的匹配性都相當符合的佳偶，根據這些資料做電腦的徵婚活動。換言之，電腦會替人牽紅線，找出最理想的拍檔。

但是，許多因匹配性極佳而被介紹的男女竟然回答說：「不喜歡對方。」這個事實明白地顯示機械化、合理化的判斷並無法萌生戀情；足證沒有比人世間的愛戀情仇更不可思議的了。

本書將深入地測試你的性格或思考模式，從而探討你的戀愛運、與異性的匹配性、在戀愛戰爭中得以適者生存之術。

筆者誠心地祝福各位藉由認識自己的弱點、發揮自己的長處而體驗一段綺麗而豐富的戀情。

目錄

第二章　窺視對方的心理

●別人的葫蘆裡到底賣著什麼膏藥？

第三章　對自己的真面目大吃一驚

●我這麼複雜嗎？

第四章　重新反省自己

●如何走出戀愛的迷路

第五章　稍微改變性格

●從今天開始又有一個嶄新的我

第一章

戀愛是由第一印象而決定

●見面三分鐘掌握對方性格的妙術

據說對某人是否產生好感乃是由最初碰面的三分鐘的印象而決定。而這三分鐘的印象似乎永遠殘存於記憶中。

當交往一段時間後，開始討厭對方時，一般人回想當初的邂逅，總會想到首次碰面時的第一印象。

因此，若要在情場過五關斬六將，必須具備憑第一印象正確地判斷對方的能力，並且掌握您自己本身是屬於給人何種第一印象的類型。

Q 1

羨慕那一種約會方式？

請看左邊四種約會的情景。
那麼，你最羨慕那一種約會情景？

A 1

從約會情景瞭解你所喜歡的類型

〈解說〉

有人曾說約會是一種藝術。誠然選擇約會場所、對象、日期、以何種方式出遊等為約會的舞台做各項設定時，的確可稱得上是一種藝術。既然是精心設計的約會，任何人都渴望和心儀的對象共度美好時光。

這個測驗可瞭解那一種類型的異性較吸引你。在上述約會舞台中的男女二人之間，有「距離」上的不同。根據男女接觸距離的喜好，可以判斷出所追求的戀愛類型。

〈診斷〉

選擇A的人……你是屬於容易一見鍾情的類型。迷戀俊俏的男女或貌美的女性。如果對方在服裝、觀念、興趣上無法和你步調一致，則無法獲得滿足。

喜歡帶有羅曼蒂克情調的約會，沈迷戀愛行為的人。不過，很容易陶醉在甜言蜜語或甘美的氣氛中，應特別注意。

選擇B的人……第一個條件是對方的腦筋如果不好，則無法持續交往。如果是女性，渴望被愛勝於愛人。較喜歡藝術家類型，具個性、充滿活力的人。如果是男性，有追求與自己不同類型或年長的女性的傾向。

選擇C的人……你喜歡的異性的第一條件是處在身邊能令你覺得放心的人。多半熟悉對方的性格或行動模式後，漸漸地產生好感。

對平常並不突出卻在緊要關頭表現勇敢、溫柔的人較具好感。如果是女性，很容易對老師或前輩等長上由尊敬轉變為愛慕之情。

選擇D的人……招架不住對方單刀直入地表現愛意的類型。比起各種精心設計的演出，一句「我愛你」就足以令這種人感激涕零。

內向又不耐寂寞的你，和具有體貼心、鉅細靡遺的溫和派的人最為搭配。即使成為拍檔也能以對等、朋友的關係相處。

Q 2　你的視線投注在初次見面者的那個部位？

既有所謂的「一見鍾情」可是男女之間的遇合，第一印象是何等的重要。那麼，你和初次見面的異性碰面時，最初你的視線會投注在對方身上的那個部位？

請從左邊的項目中做選擇。

A　注視眼睛。

B　注視整張臉孔。

C　注視胸口附近。

D　注意腳部的下半身。

E　視線朝下或側邊，而不看對方。

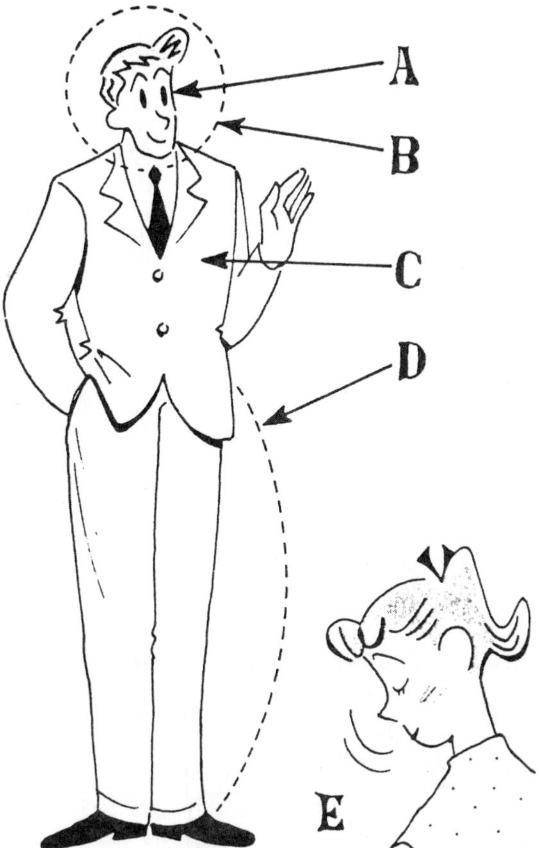
A
B
C
D
E

A 2 對方的視線所傳達的訊息

〈解說〉

這是測驗對方在你的眼中的形象，亦即其予人的第一印象如何的問題。

二人相遇時的印象會持續著影響爾後的交往。雖然整體印象與融洽的談話也是極為重要的要素，然而對方對於你在談話中所投注的視線感受尤其深刻。

有時你若不經意所傳送的視線，會變成一種強烈的訊息。

不論男性注視女性或女性注視男性，其視線的目標會有稍做停頓或給予忽視的差別。而男女所注視的位置也有所不同。

男性首先注視女性身體上的那個部份呢？假設一位女性坐在

	女性	男性
全體	52%	42%
臉	21	10
腳	0	18
眼	15	5
手	5	0
胸	0	3
頭髮	3	0
身高	11	0
打扮	0	6
動作	0	5

電車上。這時同車的男性最注目其身上那個部位呢?根據男性的性經驗、性成熟度或性格會左右最初注視女性的部位。

法國女性週刊雜誌『耶魯』，曾經向一〇〇名男女做過「最初注視異性的那個部位」的調查。根據這項調查，據說男性觀看女性與女性觀看男性時，有如前表所示的差別。

〈診斷〉

A　注視眼睛

給人清爽、誠實的好印象。

不過，如果目不轉睛地盯著瞧，則帶有挑戰性。花花公子、花花女郎常見這種類型。

B　注視整張臉孔

可以博得好感的類型。喜好溫和的人際關係。事實上多半是懂得做好聽衆的人。

C 注視胸口附近

給人不太好的印象。因為，那是想要探知秘密的視線。

D 注視腳部的下半身

這種視線給人的印象最差。

即使是稍微一瞥的視線，也會令對方敏感地察覺到。請特別注意！

E 視線朝下或側邊而不看對方

多半是害羞的人，給人的印象較為薄弱。不過，如果心不在焉而東張西望則另當別論。而兩者同樣地都會錯失與異性知遇的機會。

Q 3

接吻的是誰

正熱烈地接吻的兩個人。不過，從這個角度並無法看見女性的臉孔。

那麼，你腦海中想像的是那一種類型的女性？請從下圖中挑選。

A 3 瞭解你的偷情度

〈解說〉

本來「討厭話多的人」，然而一旦喜歡上這種類型的異性，則不再引以為意——。您是否有類似的經驗呢？

這正是所謂的「情人眼中出西施」。心理學則稱此為「後光效果」。所謂後光是指佛像背後的光線。佛像因為有背後的這些光線而顯得模糊。如果失去後光，佛像即清楚可見，同樣地，對方的缺點也會暴露出來。不再有愛情時會特別挑剔對方的缺點，這乃是因為後光已經消失的緣故。

很容易移情別戀的人，是常被這種後光效果所矇騙的人。

〈診斷〉

選擇A的人

擁有健全的戀愛關係。內心思念所喜歡的人，藉此享受幸福的感覺。

選擇B的人

過度拘泥過去的失戀經驗，而對現在的戀愛缺乏自信。不時地疑惑自己的決定是否正確。很可能因別人的一句甜言蜜語而動搖心志。

選擇C的人

目前正失戀中，或對目前交往的對象感到失望的人。很容易沈迷於另一個嶄新的戀情，是偷情的類型。

Q 4

喜歡月光下的約會嗎？

在月光下散步的兩人是多麽地羅曼蒂克啊！
如果是你，會想在那一種形狀的月亮下約會呢？
請在A～D中做選擇。

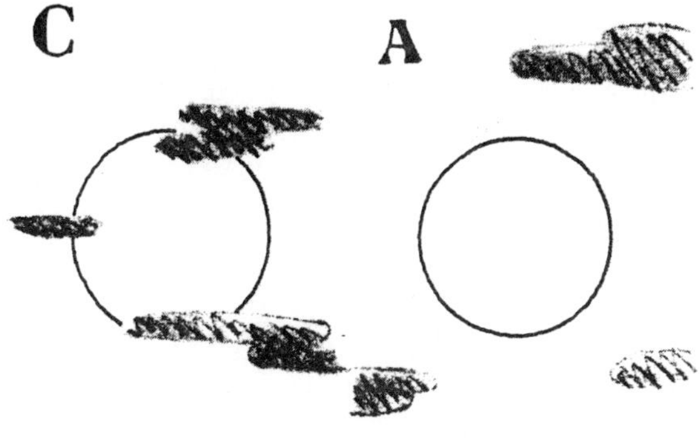
C
A
D
B

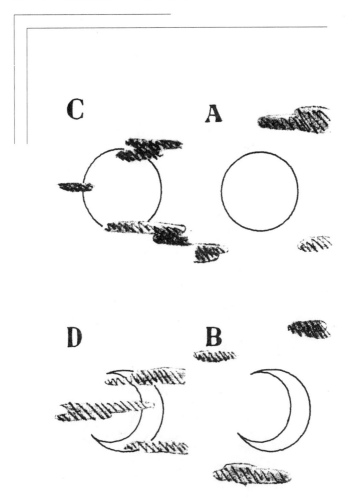

A 4 探討你的社交性

〈解說〉

從對月亮形狀的喜好而瞭解的，是你的社交性，而非「對天象觀測的關心度」。

我們可以把原本的自己暴露在非常熟悉的人面前，但是，在陌生人或心有戒心的人之前往往會掩飾自己。因為，我們每個人都隱藏著「渴望表現的自己」和「不想為人所覺的自己」。

這種心理在男女間有所差別，而根據對象也有不同的表現。

一般而言，在初次見面的場合或像學校的新生處於新環境下時，人自然地會分別使用上述的兩種自己。

而當警戒心漸漸消除後，又慢慢地暴露出原本的自己。

請問，你的社交性具有那一種傾向呢？

〈診斷〉

選擇A的人……喜歡熱鬧喧嘩的人。擅長交際的你，充滿著華麗的魅力。你的約會應該也是開朗而愉快。

選擇B的人……在行動之前會仔細地思考的類型。

結果多半無法採取大膽的行動。邀異性約會之前也常耗費許多思慮的時間。

選擇C的人……和任何人都能相處得宜，具有百分之九十以上的社交性。尤其在團體中屬於領導型的存在，能發揮行動力。

但是，卻不擅長一對一的約會。在這種場合會突然地變得乖順老實。

選擇D的人……難以向對方傳達自己心意的內向型。只會耐心地等候對方有所察覺。

即使約會也渴望由對方領導吧。

Q 5 想像男女間的關係

下面四種圖形是以不同的設計表現「男與女」的關係。

如果你是設計師，你認為那一種圖形表現「男和女」的關係最為恰當？

請仔細思考後，再選擇與你的想法最接近的答案。

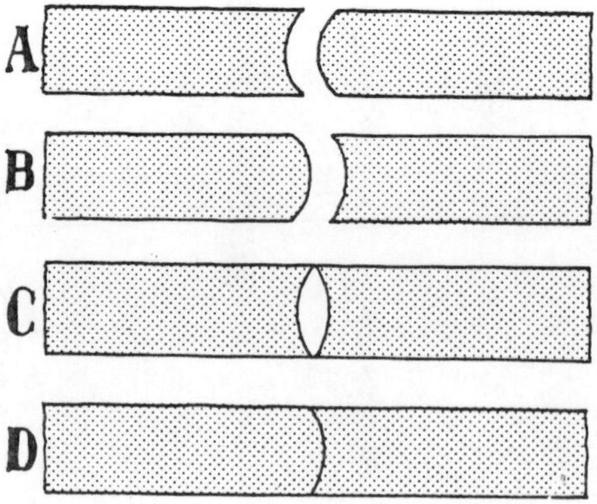

A5 是否容易一見鍾情的人

〈解說〉

不論是演藝圈或一般的人，離婚率已有節節升高的傾向。而且，最近由女性主動提出離婚或因女性有婚外情而分手的怨偶日漸增多。

離婚的怨偶在結婚時也顯得那麼美滿幸福，如今落得這般下場，足見男女間的關係的確不可思議。戀愛中的男女把對方當成是世上最完美無缺的人，如癡如醉地沈迷其中，但是，隨著歲月的消逝，本來認為是對方的長處卻看成是缺點，甚至覺得對方俗不可耐而不屑一顧。

據說男女關係中最重要的，乃是第一印象。一見鍾情並無法用道理說清。因為，莫名其妙地會被對方所吸引。為何會產生這種「一見鍾情」的心理呢？

只見過一次面卻對那位異性如癡如醉。這就是一見鍾情的類型。

在精神分析學的研究分野上，將「一見鍾情」的原因特定為兩項。

①對自己的心理或身體上的某部份具有自信的人，一旦碰到與自己具有同樣優點的異性，會被對方所吸引。

②認為自己有某種缺點的人，會對具有該部份優點的人神魂顛倒。

這個論說相信有不少人覺得「頗有道理」吧。

在此所介紹的測驗，提供了一個認識我們瞭解「一見鍾情」之謎的暗示。測驗中左右兩個圖形潛在性地象徵男女。根據這兩種組合的樣式而瞭解是屬於何種一見鍾情的模式。

＜診斷＞

選擇A的人

男性選擇這個圖形的人很容易受女強人型的女性所吸引，鮮少主動追求女性或向女性搭訕。

如果男性對比自己年長許多的女性傾心，可能會對這個圖形帶有好感。

若是女性是屬於精明能幹、富有行動力、給人難以接近的冷酷印象的人。對於凡事順遂己意的乖順男性，會一見鍾情。

選擇B的人

這是最普通的類型，鮮少一見鍾情的人。不會立即動心，幾番思考之後慎重地選擇適合自己品味的人。不論男女具有極高的性道德觀，沒有立即闖越禁忌的勇氣。認為男性該像個男性、女人該像個女人，才是理想的對象。也許因為如此似乎多半是相親結婚。

選擇這個圖形的男性，婚後具有以男性為主的觀念，有時也會表現獨斷獨行的態度。而女性則表現順從，以男性為尊。

選擇C的人

彼此有來有往的類型，沒有任何顧忌與客套。熱情高昂時如火沖天、該壓抑時卻又耐得住性子。雖然顯得老實，然而一旦喜歡上某人，會發揮令人難以置信的能力。

拚命地想要踏入對方的心靈世界，無論如何想將對方佔為己有的熱情與行動力，幾乎無人可擋。

具有社交性，好惡非常明確。對方的體態或容貌是其一見鍾情的關鍵。當然，有時也會發生爭吵，然而這卻會使雙方激情高昂。

選擇D的人

最重視彼此的感覺，很容易對觀念或性格類似的人一見鍾情。因此，似乎常會選擇周遭人都覺得理所當然的戀愛對象。

具有體貼心，彼此會為對方貢獻自己。一旦喜歡上對方，除非特殊的狀況，否則不會分手。一見鍾情而發生性行為的時間最短的，也是選擇這個圖形的人。

Q6 喜歡那張圖？討厭那張圖？

請仔細看A至F的圖畫。

看完之後選出最喜歡的圖畫和討厭的圖畫，將喜歡、討厭塡寫在□內。

喜歡 □ ↔ □ 討厭

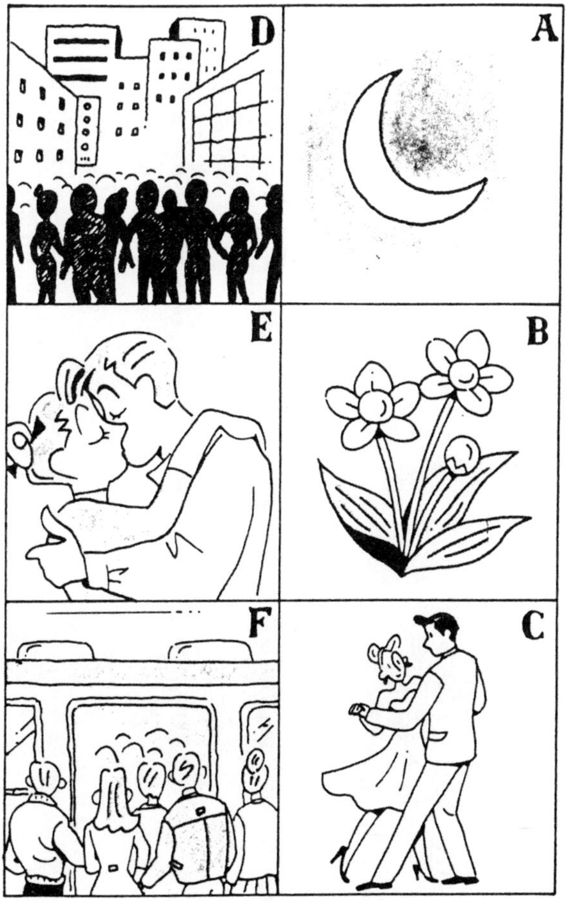
D
A
E
B
F
C

A 6

這是你的戀愛模式

〈解說〉

圖畫或圖形會使觀看者產生各種的聯想。而個人的性格也會左右聯想的內容或想法。

這是視覺心理測驗的一種。

利用圖畫或圖形的心理測驗，本來是瑞士的心理學家做為認識兒童心理的線索所考察出來的。不過，對成年人而言，也有許多足以做為反映心理狀態的關鍵的參考。

〈診斷〉

請從下表找出你的類型（1～9）。

喜歡＼討厭	A	B	C	D	E	F
A		2	1	3	1	3
B	2		1	3	1	3
C	4	4		5	6	5
D	7	7	8		8	9
E	4	4	6	5		5
F	7	7	8	9	8	

類型1……不耐寂寞，渴望被溫柔地擁抱、疼愛的類型。但是，似乎缺乏主動地追求男性的勇氣。

有時會在夢中出現俊俏的男性給自己溫柔的親吻，然而在現實生活中，光是被男性觸摸到手就會感到毛骨悚然。

類型2……這是可以被當成成熟女性而愛的人。在性方面也比一般人強，一旦產生「性趣」時就失去控制。

不過，有時可以利用運動或遊戲巧妙地處理性慾求。是否有過想著男人而無法入眠的夜晚呢？

類型3……妳是追求羅曼蒂克的性愛。

喜歡輕輕地握住對方的手傾訴思慕之情。但是，卻沒有被接吻或擁抱的念頭。也許您內心裡認為男性是不潔的吧。

類型4……嚮往男性化的性愛。性格坦率、行動敏捷的運動型。從來沒有黏膩在男性身旁的想法。

類型5……妳內心裡充滿著渴望男性溫柔的對待，或希望能向對方表現溫柔。平凡的事物難以獲得滿足，渴望追求變化。當性的不滿度高昂時，會顯得焦躁不安。

類型6……也許比一般人具有更強烈的被擁抱慾望。也渴望標新立異的行止。在擁擠的電車裡被人擠壓，會覺得非常舒服，甚至還有一種莫名的刺激感。

類型7……開朗活潑、任何事都做得出來。如果是為心愛的人，即使犧牲一切也在所不惜。

類型8……重視友情，以心靈接觸為第一優先的人。不做過份強求，在性愛方面也沒有大膽的舉動。

類型9……妳是具有女人味、相當魅力的人。妳的動作、言談舉止一定可以掌握男人心。

重視男女間思想的溝通或情調，勝於性愛行為，對戀愛具有強烈的憧憬。

Q 7

注目的焦點

有一個穿著簡單的T衫和牛仔褲的女子。

如果要在這身打扮上添加自己姓名的英文代號，那個位置較好呢？請妳以令自己顯得更漂亮的觀點從以下做選擇。

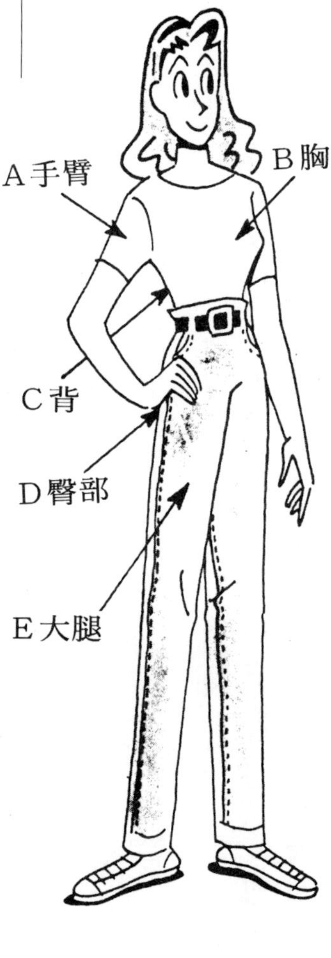

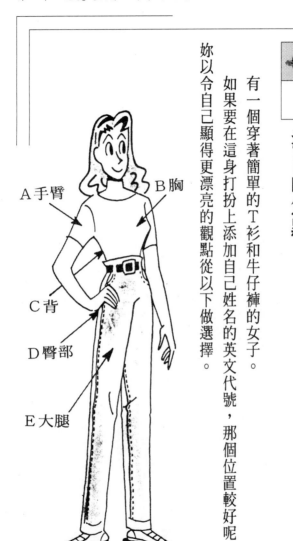

A7 愕然發現意外的自己

〈解說〉

以下介紹一個有趣的研究。那是美國的心理學家賀斯所做的實驗。據說讓一群受驗者觀看風景、嬰兒、男性的裸體照、女性的裸體照等幻燈片，測定其瞳孔的大小時，女性的瞳孔在看嬰兒的幻燈片時張開最大。換言之，人的注意力會被有興趣的景物深深地吸引，而使瞳孔放大。

〈診斷〉

A　手臂……只深愛一個人的浪漫主義者。

B　胸……華麗氣派的性格，在異性間相當得人緣。對自己也具有自信。

C　背……自尊心高，將異性操縱於股掌間而獲得快感。

D　臀部……熱情而充滿魅力的人。應該有豐富的戀愛經驗。

E　大腿……男性度、女性度低，屬於中性型。淡泊的性格。

Q 8 憧憬那個場面？

左邊有各對情侶在機場上登、降機時的瞬間鏡頭插畫。請從四張插畫中挑選你最喜歡的一張。

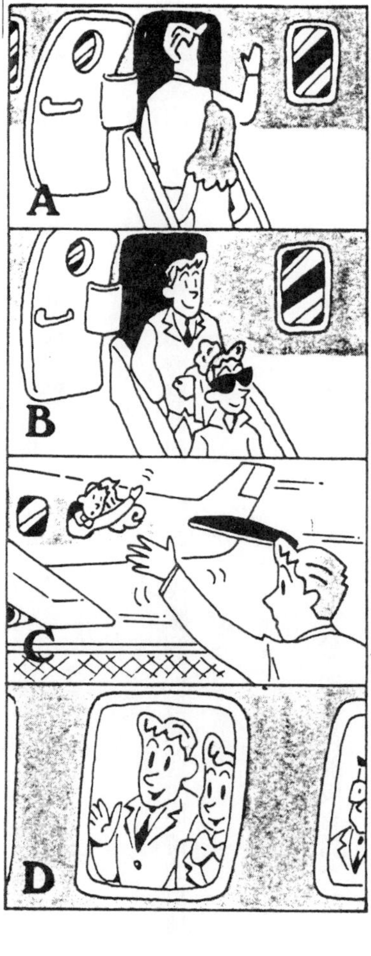

A 8

認識對戀愛的期待感

〈解說〉

這是認為對戀愛的期待感的測驗。根據喜歡何種狀況，來瞭解你對異性所期待的事情或現在的戀愛狀況等。

〈診斷〉

A……珍惜目前的男友（女友）並從而找到光明未來的幸福人。即使目前沒有男（女）朋友的人，也對戀愛抱著希望。

B……有點停滯的狀態。對與異性的交往感到不安或覺得有些疲憊。

C……對男友（女友）帶有極度的不滿或感到失望。沒有男（女）朋友的人，對異性帶著不信感。

D……充滿著對異性的夢想與期待。有男（女）朋友的人，彼此是相當信賴的關係。或者憧憬男女間的純愛關係。

Q 9

兩人共築何種愛巢？

終於可以和心愛的人在甜蜜的愛巢長相廝守了。現在想在這棟甜美的房子外圍做個圍牆。

如果是你，會從下面四種項目中選擇那一項？

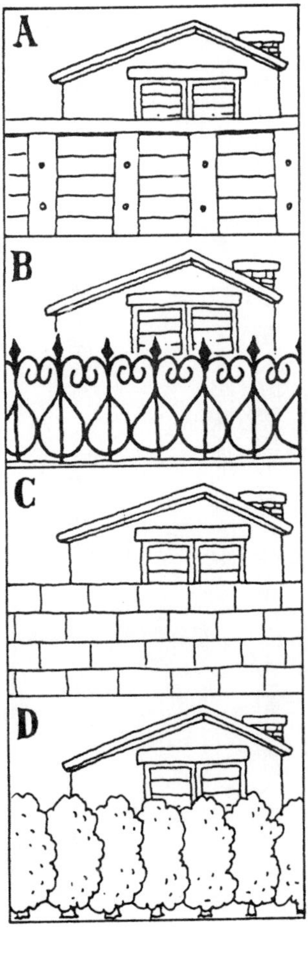

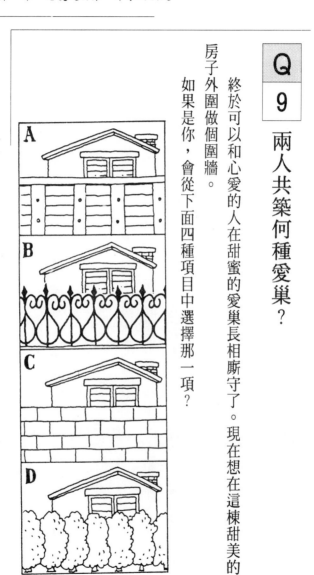

A 9

根據選擇的圍牆瞭解人際關係

〈解說〉

門或圍牆是代表自己與周遭者之間，人際關係的基本態度。

譬如，選擇牢靠而緊閉的門的人，在人際關係上帶有防衛性，會斷絕與人交往。

相反地，選擇隨時打開的門的人，在人際關係上具有開放的觀念。圍牆也是同樣的道理。

〈診斷〉

選擇A的人

你對人的好惡非常明顯而激烈，可以和喜歡的人相處融洽，卻往往以冷淡的態度面對其他的人。很容易被不認識你的人誤解。

不過，對心愛的異性表現奉獻的態度，渴望炙熱的戀情。

選擇B的人

對自己有自信、自尊心高。不服輸、渴望隨時掌握領導權。選擇這種圍牆的人對於私生活被窺視會得到快感。對異性帶有強制性，然而自己卻風流成性、或有輕率之處。

選擇C的人

消極的性格，難以結交情人。無法主動向他人打招呼。

不過，一旦打成一片也會表現開朗的一面，雖然交際範圍並不廣，卻重視家族與朋友。是屬於保守型的人。

選擇D的人

個性快活、與任何人都能輕易交往的社交型。不論是同性或異性，擁有許多朋友。選擇這種圍牆的人具有可以接納任何性格者的寬闊心胸。不過，如果過於乘興得意也會遭受誤解。

Q 10 窺視你的心

請回答下列1～12的問題。

[1] 在辦公室裡有一名女職員趴在桌子上。她到底怎麼了？

A 被男友甩了。

B 肚子痛。

C 電視看太多而睡眠不足。

D 被上司嚴厲斥責。

2 這是正在兜風的男女三人的素描。坐在助手席的女性，正對後座的女性說著什麼呢？

A「對不起，我佔了個好位置。」

B「在那裡下車呢？」

C「搭便車真好！」

③如果要使用如圖所示的廁所，你會走進那一間廁所呢？有一間廁所正使用中。

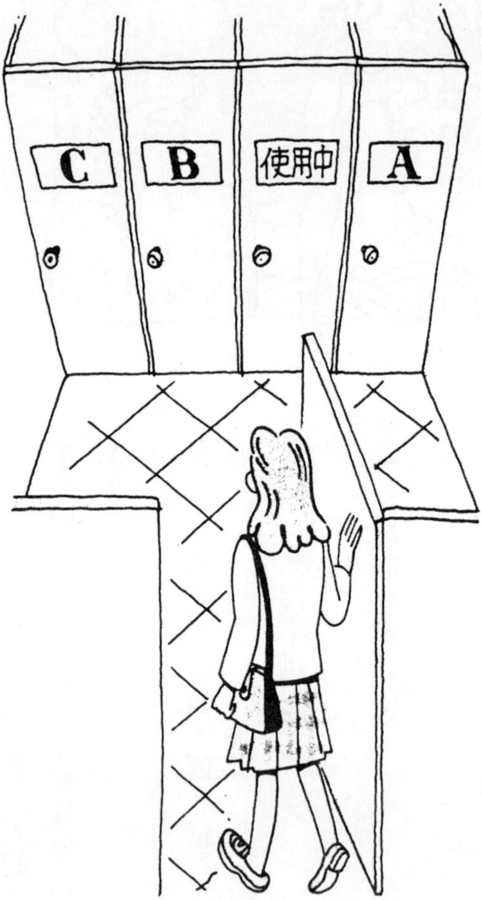

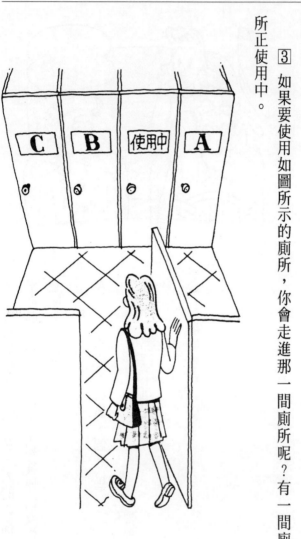

4 下面所舉的三組情侶中，你想要與之替代的是那一個女性？

A 在迪斯可舞廳跳舞的男女。

B 在椰子樹下擁抱的男女。

C 在遊艇中擁抱的男女。

5 盆栽冒出新芽了。會開出什麼樣的花呢？

A 玫瑰。

B 三色紫羅蘭。

C 百合。

D 向日葵。

6 如果你在你的辦公桌上擺電話，你會放在那個位置？

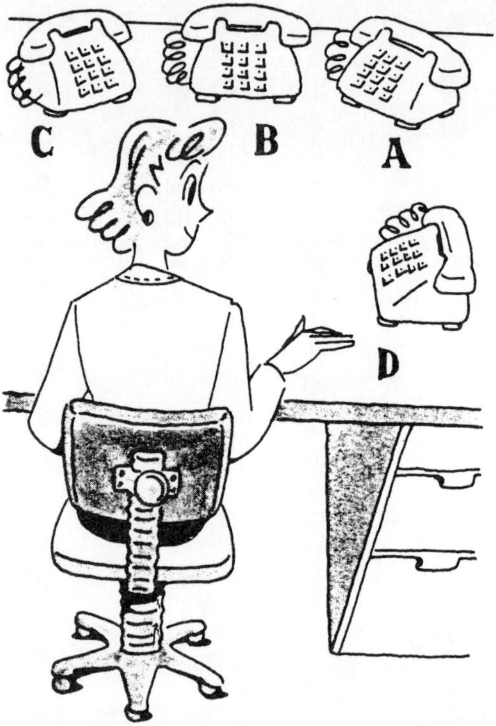

7 請把這隻手當成地圖。
在山上、山腰、山麓上各有土地。
如果是你，會在何處搭建房子？請做挑選。

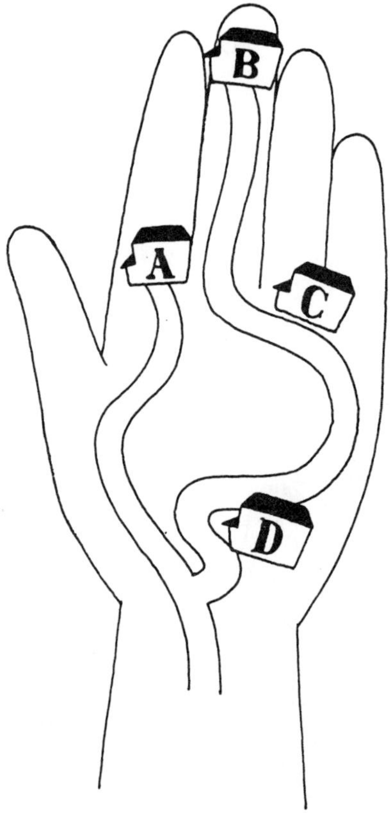

8 總算買了一棟房子。但是，預算全部花盡只能購買一件家俱。
如果是你會選擇那個家俱？
房間已有床鋪和衣櫃……。

A　抬燈。
B　地毯。
C　鏡子。
D　沙發。

9 一名可愛的女性正瞧著自己手提包內的東西。你覺得她到底在找什麼呢？

A 鏡子。
B 手帕。
C 錢包。
D 筆記本。

10 這張床舖裡有兩個人，你認為他們是什麼關係？

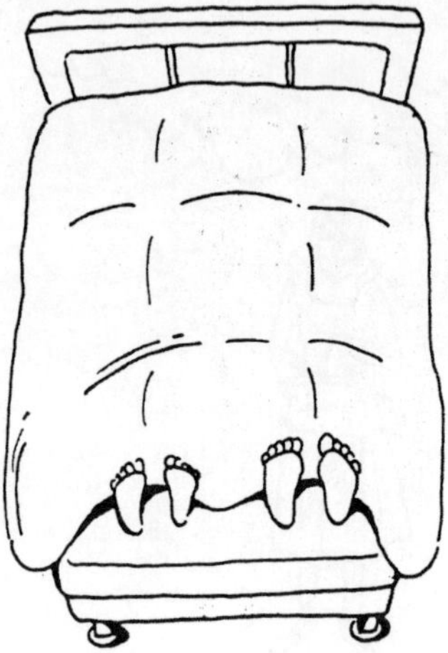

A 新婚夫婦。

B 徹夜打麻將而累得睡著的男性們。

C 殉情的男女。

D 倦怠期的夫婦。

11 眼前有一塊魚形糕點。你會怎麼吃它？

A 從頭開始咬著吃。

B 從尾巴咬著吃。

C 切開一半從尾巴開始吃。

D 切開一半從頭開始吃。

12 當你購買鋼筆或原子筆前做試寫時，會描繪什麼樣的圖樣？

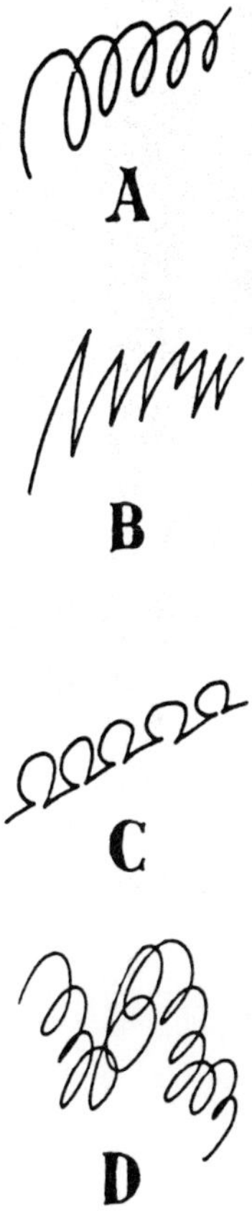

A10 瞭解你的辦公室戀情

〈解說〉

充滿著刺激感、戲劇化的戀情比平凡無奇的愛情更令人為之神往，這也許是「人之常情」吧。

而不論那個時代，最轟轟烈烈而華麗的，就是辦公室戀情。

因為，它具備了擔心為他人所覺的偸情心理，和渴望稍微露出馬腳的張揚心理所交互糾葛下，而譜成的奇妙、刺激的戀愛條件。

但是，您是否有足夠的能耐擔當得起那種心驚膽跳，卻又令人興奮的「致命的吸引力呢？」

〈診斷〉

●請看次頁的採分表，計算出你的類型（1～5）

答／測驗	A	B	C	D
1	5	1	3	1
2	1	5	3	—
3	5	3	1	—
4	1	3	5	—
5	5	3	1	1
6	1	3	3	5
7	3	5	1	1
8	1	3	5	3
9	5	1	3	3
10	1	3	5	3
11	5	3	1	1
12	1	3	5	3

51～60分……類型1
41～50分……類型2
30～40分……類型3
21～29分……類型4
12～20分……類型5

類型1……辦公室戀情危險型

您是否曾經有過連自己也搞不懂自己的情況呢？

譬如，下班後和同伴一起去飲酒，當酒勁漸漸作祟時，是否會對本來不喜歡的異性心動而接納對方呢？

你是很容易為了發洩鬱悶而在感情上冒險的人。而且會檢便宜地從周遭的異性中挑選。因此，很容易陷入無法自拔的辦公室戀情，結果惡名昭彰而無法在公司裡待下去。輕舉妄動是禁忌。

類型2……辦公室戀情要注意型

內心某處充滿著追求刺激與變化的念頭。而且，這種刺激感會發展成對異性的渴望、對於平日具有好感的異性表現積極的態度等。

你的戀愛對象是屬於絕對不可談戀愛的類型。寂寞的心情和想要享受禁忌遊戲的複雜情結下，再也無法控制自己的情慾。

充滿著沈溺於即時享樂的危險。在行動之前不妨先做冷靜的考慮。

類型3……辦公室戀情期待型

你是否從未有過直接被他人表示好感或被吹捧起鬨的經驗呢?若是如此，只要你有意周遭人，會以驚人的速度向你接近。

在公司裡一定有暗中注意著你的異性。

雖然你隱約地察覺到那個人的心意，然而對方卻非你真心渴望、使你心動的類型。

因為，令你燃起激情的是，沈靜而顯得有點寂寞的人。只要有一點機會，個性類似的兩人會彼此接近，下班後的約會應該會漸漸地變得熱絡吧。

你是可以把衆人矇在鼓裡，而享受辦公室戀情的人。

類型4……辦公室戀情一般型

你是不會做無理強求的人。

適度地表現自己，絕不會在公司裡尋找戀愛的對象。

當然，你可和公司裡的男同事相處融洽，保持一般的朋友關係。

但是，對公司戀情帶有排斥感，即使有機會也不感興趣。比一般人更重視自己，將公司和私生活畫分得一清二楚。

不過，可能會被調職而來的異性所吸引，或對前輩的尊敬發展為愛情。如果由同情發展為戀情，旁人大概毫無所覺吧。

類型5……辦公室戀情不感症型

對目前的生活十分滿意，不論工作或私生活都相當充實。因此，絕不會被不應該交往的異性所吸引。

如果你真的表示好感，對方一定會立即察覺而感到興奮。不僅在職場，連其他場所也是經常受異性矚目的人，因此，你認為根本不需要淌公司戀情的混水。

也許目前的公司裡並沒有值得你尊敬的男性，即使存在也無法發現吧。總而言之，你是會在公司以外的場所尋找戀愛刺激的人。

第二章　窺視對方的心理

●別人的葫蘆裡到底賣著什麼膏藥？

有時因所交往的對象而使你本身的風評變佳或相反地名譽掃地。由此可見選擇交往對象是何等重要的問題。

如何揣測隱藏在表面下，而當事者本身也毫無所覺的人性；在人際關係上摸索對方的心理是極為重要的關鍵。

對你而言對方是否是值得交往的人？是所謂的三益友或三損友？在你揣測對方的同時，對方也正暗中的觀察你吧。不過，掌握先機者應該是能立即洞察對方心理的人。

Q 1

可樂所隱藏的愛情訊息

請問你是怎麼把啤酒或可樂倒進杯裡的呢？請依平常的習慣作答。

A　倒進玻璃杯的一半左右。
B　倒八分滿左右。
C　倒到氣泡冒出杯外。
D　倒到氣泡正好冒上杯口。

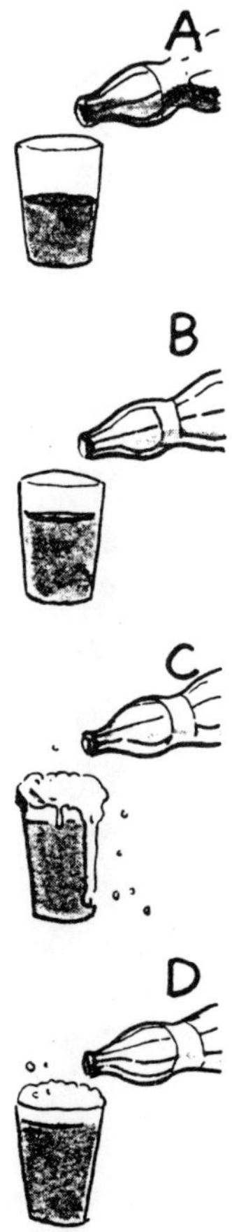

A 1 從不經意的動作中瞭解你的誠實度

〈解說〉

任何人抽煙或喝飲料時都會有其習慣性的動作。這種無意識的行為會暴露個人真正的性格，從而探討該人的深層心理。

也許他人可以從誠實的角度，對你做以下的評價。

〈診斷〉

A 半杯滿型

略帶偷情傾向。具有幽默感、談吐風趣深具魅力，不過，卻也有過於自鳴得意的一面。

B 八分滿型

腦筋機伶、講究時髦，卻不太尊重異性的意見。情緒難以捉摸。

C　冒出氣泡類型

遇事沈著穩健、不慌不忙的人。對異性誠實而值得信賴，然而言語行動顯得有些粗暴，有時可能遭受誤解。

D　氣泡冒在瓶口型

生性淡泊、內心溫和。盡力理解周遭人的心理，面面俱到的類型。

Q 2 文字的奧妙

所謂「文如其人」而除了文章之外，光憑一個文字也能揣測該人的性格。

譬如，信封上郵遞區號的筆跡，也是探索個性的重大關鍵。

請在下面的郵遞區號欄內填寫「１６０」的數字。

問題在於「１」的寫法。你是如何填寫「１」的呢？

請從左邊Ａ～Ｅ中挑選最接近的答案。

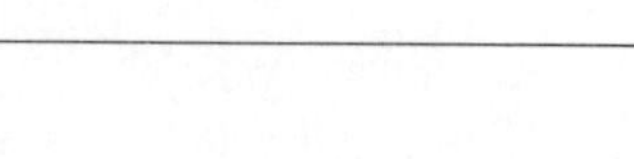

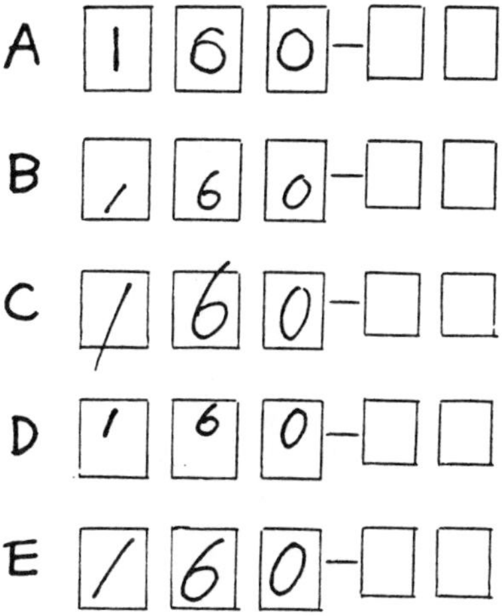
A 160-
B 160-
C 160-
D 160-
E 160-

A 2

字大於框型是邋遢懶散

〈解說〉

西歐的筆跡學極重視方框內空白的使用法，因為，藉此可觀察人際關係或金錢觀。

根據統計，將字滿滿地填寫在框內及寫在框下的人似乎較多。

附帶一提的，是「0」數字的上或下留空，多半是個性開放、無法保守秘密的人，而「0」的上或下線條重疊者，多半是秘密主義者、警戒心強的人。

〈診斷〉

A　垂直型

好強、蠻橫、缺點是不顧慮旁人的立場而採取行動。覺得隨時必須有所行動才甘心的人。

B　偏下型

討厭購買獎劵或參與賭博，紮實地積蓄小錢的生活派。可能因過於現實而器量變小。

C　字大於框型

討厭形式化、渴望自由的行動，然而缺乏經濟觀，容易將遊戲與工作混為一談。

D　上揚型

雖有遠大夢想卻難以順遂己意。帶有天真無邪的稚氣，因而常有輕率的舉動。

E　圓大型

收入多支出也多。在金錢方面當用則用。也是會結交許多惡友的人。

Q 3 形形色色的字體

分析筆跡時最重要的據說是字最後一筆的「停法」。最後一筆的停法特稱為「最終線」。若是，你寫「様」字時，最終線接近左邊那一種類型？

A　停止型

B　右下伸展型

C　圓型

D　側邊伸展型

E　左下伸展型

F　右上抬高型

様

A3 左下伸展型具有強烈的外遇願望

〈解說〉

日本人寫書信時最常使用的文字大概是「樣」字吧。根據平常書寫這個「樣」字的習慣，可做為性格判斷的材料。

當然，在您觀察他人之前，也許自己所寫的「樣」字已被暗中揣測許久了吧。

〈診斷〉

A **停止型**……對人的好惡明顯而激烈，在討厭的人面前表現出判若兩人的態度。屬於戀愛結婚型，婚後也會主張個性，因而與伴侶的衝突頗多。

B **右下伸展型**……傾慕年長者，而這種戀情多半無疾而終。事實上，同年齡的異性才相配。

如果是男性，是屬於喜歡工作勝於戀愛的晚婚型。

C **圓型……**一般是晚婚型，學生時期的成績並不突出。不過，從二十歲前後開始發揮才能。戀愛方面平凡無奇，大概會選擇誠實的人為對象。

D **側邊伸展型……**性急而易怒的性格。不論對他人或自己都相當嚴格，在戀愛方面常會爭風吃醋。是追求刺激的冒險家。

E **左下伸展型……**立即與異性相處融洽的社交派。不過，外遇願望強烈。這種類型若是女性，往往難以抵擋男性的誘惑。

F **右上抬高型……**對與外國相關的事物具有強烈興趣的人。同時，對神秘性、宗教性的分野非常關心，理想高。

較適合獨來獨往式的生活，而不適合上班族。

另外，也有少部份的人在最後會附帶個「點」，這種人是會轟轟烈烈地談戀愛，結婚後也常有外遇的情況。

Q 4 對腳線美具有自信嗎？

請問你的臀部到腳的形狀，是下列八種類型中的那一種？

A 圓筒狀。
B 倒塌臀。
C 巨大臀。
D 大腿粗大。
E 太瘦的腳。
F 略帶O型的腳。
G 蘿蔔腿。
H 腳掌粗大。

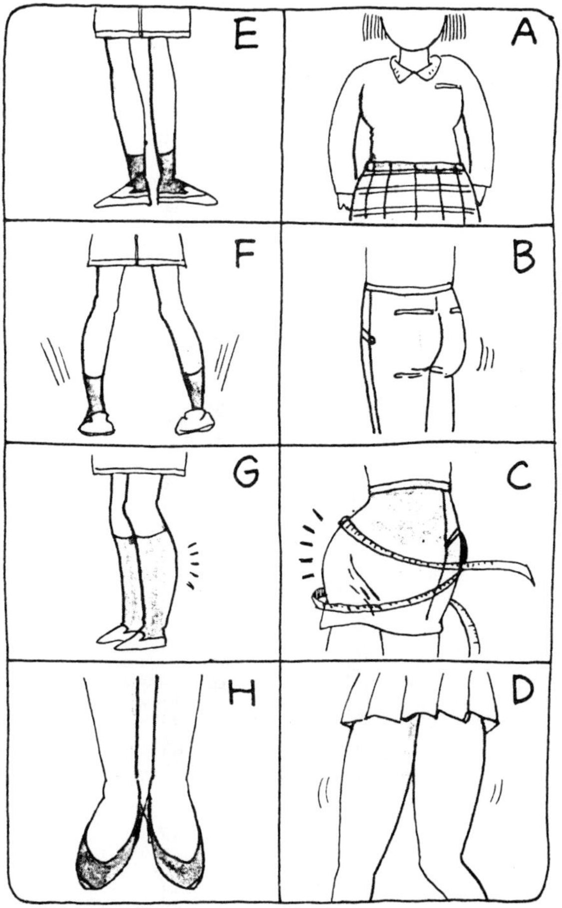
E
A
F
B
G
C
H
D

A 4

瞭解你的性魅力度

〈解說〉

以臀形或腳形為中心做性格判斷的研究，在美國的學者間已有多數的發表。有關性格與氣質間的關連，克雷基瑪或薛爾頓的研究極為著名。人體中各個部位比較之下，臀部可以說是將各人體型之差表露無遺的部位。

本測驗可以瞭解你的性魅力度。在男性的眼中，你是屬於什麼樣的女性呢？探討你的性格與所隱藏的魅力，可得到以下的結論。

〈診斷〉

A　圓筒狀的人……開朗、正直，能坦率接納任何事物，相當受男性的歡迎。定力也強，能使異性交往持久的類型。

B　倒塌臀……具有冷靜的魅力。隨時保持一定的距離而與人接觸。盡量避免造成感情衝突的場面。自尊心高，多少有點自命不凡。

C　巨大臀……誠實、沈穩，能令對方覺得平安的人。可以說是典型的東方女性的魅力吧。雖然不華麗卻適合家庭，對男性而言是深具魅力。

D　大腿粗大……富社交性、個性活潑。非常喜好與人會晤、談話，擁有許多朋友。不過，外表雖然顯得光彩華麗，內在卻意外地難耐寂寞。

E　太瘦的腳……撒嬌兒、經常追求愛情的對象。而且，是愛做夢的女性，常渴望沈醉在愛情的溫柔鄉中。容易受傷害又楚楚可憐的你，一定會令男性產生英雄救美之心。

F略帶O型的腳……能做準確的狀況判斷，預測結果之後再採取行動的冷靜沈著的人。優雅的舉止與溫柔的談吐，使你具有成熟的魅力。而美中不足的是個性頑固。

G蘿蔔腿……笑容是你的魅力點。天真無邪、不拘泥小事的淡泊性格。不過，有時會莫名地陷入憂鬱、或感到雀躍，也許會令男友不知所措而感到困擾。

H腳掌粗大……會先顧慮對方再採取行動的你，受到大家的信賴。但是，由於過度壓抑自己，而不擅長與異性交往。

Q 5

鏡子所反映的是什麼？

如果你要從左邊五種形狀的鏡子中照自己的模樣，你會選擇那一面鏡子？請挑選一個和你的嗜好一致者。

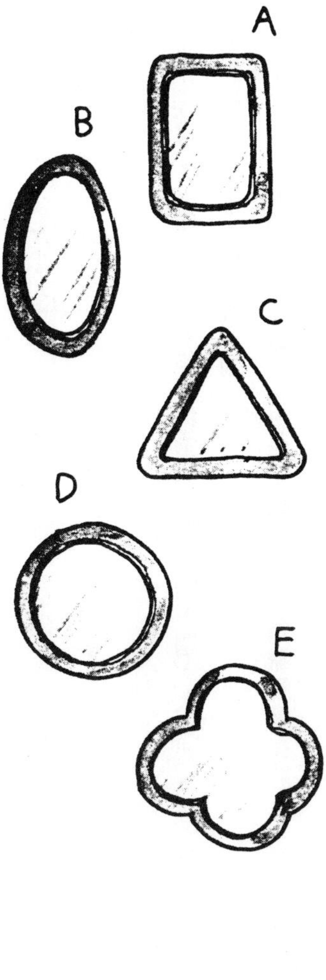

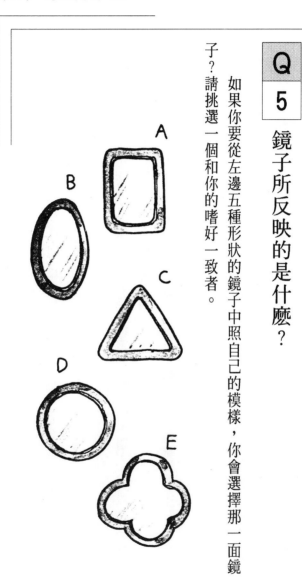

A5 瞭解是否愛自己

〈解說〉

以心理學的立場而言，人與鏡子的關係是相當值得探討的主題。人雖然無法看見自己的背影，然而只要利用一面鏡子就能辨得到。

鏡子據說是女性自我陶醉的象徵。因此，對鏡子的品味乃是瞭解潛在於該人心中的「自戀」的關鍵。

〈診斷〉

A　四角形的鏡子

含蓄、老實、不會驕傲的女性。

略帶消極性的這種女性，必須搭配強迫性地帶頭領導、顯得足以信賴的男性。

B　橢圓形的鏡子

自尊心高、自戀傾向極強。很難從失戀或他人的中傷中振作起來。當然，嫉妒心也強。

C　三角形的鏡子

具有沈淪於性刺激的素質。喜歡華麗、熱鬧的事物，隨時追求刺激。充滿著危險度。

D　圓形的鏡子

自戀度屬於一般。對愛的渴望非常強烈。渴望愛人也希望被愛。具有少女情懷的戀愛觀。

E　具有裝飾的鏡子

覺得自己可愛得不得了的人。凡事都渴望自己是中心人物。在精神方面常有焦躁不安的情況。

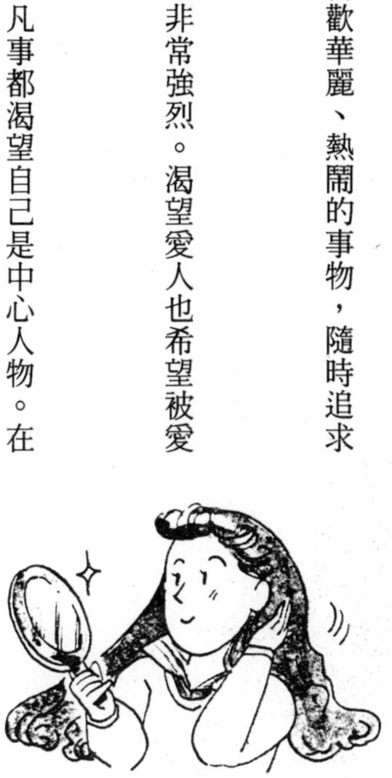

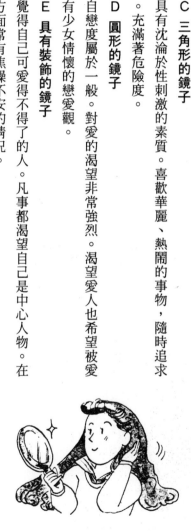

Q6 裝飾品所暗示的是什麼？

左邊有八種裝飾品。你最想配戴在身上的是那一種？

A　蝴蝶或松鼠等生物的別針。
B　心形的項鍊墜或戒指。
C　星形的項鍊墜或戒指。
D　戴在胸口的大蝴蝶結。
E　木製的項鍊墜。
F　金色的粗大手環。
G　鍊狀的手環。
H　手錶型的手環。

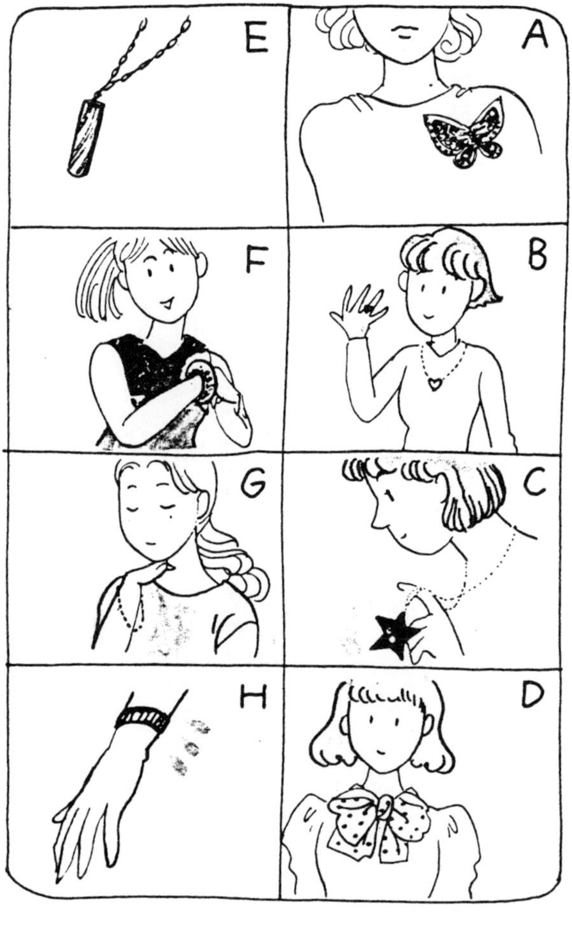
E
A
F
B
G
C
H
D

A 6 暴露對男性所期待的事物

〈解說〉

女性不只是藉由裝飾品粉飾自己的門面，多半還帶有某種意思表示。譬如，身上配戴許多裝飾品的人，對戀愛也積極，而在更換裝飾品時多半意味著心理的重大變化。

本測驗可以判斷你，對男性所期待的是什麼。

〈診斷〉

A 動物的裝飾品

渴望與多種男性自由交往的花花女郎型。而所交往的男性中也會有情有獨鍾的類型，因此，可能會令一往情深的男性欲哭無淚。

B　心形的裝飾品

內心隱藏著熱情的人。如果男性無法伺機帶頭領導，則難以發展為戀愛。追求似有意若無情地誘導自己的男性。

C　星形的裝飾品

渴望自己的個性獲得認可的人。抵擋不住男性的甜言蜜語或讚美詞，會接納認同自己長處的人。因此，有時可能樂昏了頭而身、心相許予對方。

D　胸口打大蝴蝶結

內心不安自己也許交不到男朋友的人。處於焦慮地等待某個特定人出現的狀態。

E　木製的裝飾品

對男性的警戒心強，非常厭惡被搭訕或被碰觸。比起男性，反而較受美麗的女性所吸引。

F 粗大的金色手環

對金錢或物質具有強烈慾望的人。即使在戀愛中也往往重視經濟條件而勝於愛情。

G 鍊狀的手環

崇拜父親或兄長等類型的男性，具有戀父情結的人。

追求能聽任自己撒嬌的男性。

H 手錶型的手環

慾求不滿的類型。

也許正與男友分手或心中有所不滿而感到煩惱吧?追求冒險心特別強烈時，也會戴這類型的手環。

Q 7 髮型所隱藏的秘密

接著來調查妳的髮型吧。妳的髮型和左邊五種髮型中的那一個最接近呢？

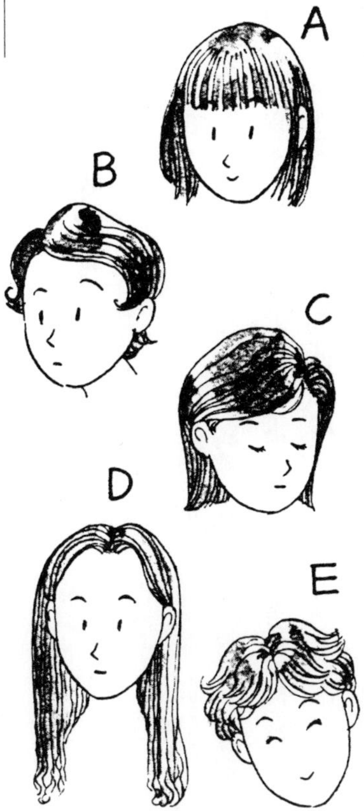

A 7 從髮型瞭解性格或慾求

〈解說〉

據說女性變更髮型多半是，在各種慾求不滿難以發洩，而渴望「改變生活」時。一般而言，留長髮是渴望擁有女人味的象徵。而短髮則是希望能與男性對等相處的意識表示。相反地，男性蓄長髮則是帶有女性化性格。

演藝圈人士常有奇特髮型的人，這乃是渴望引人注目、表現自我的表示。

〈診斷〉

A 不分邊的髮型

多半是對臉孔或體態有自信的人。自我顯示慾也旺盛。好強之外心情起伏激烈，不擅長紮實的努力。

B　右分的髮型

討厭教條、規範中的事物，自尊心高、渴望成為完美的人。心情有高有低，感情的起伏非常激烈。

C　左分的髮型

鮮少會有心情上的動搖，沈靜而誠實，受人信賴。雖然不引人注目，卻是穩紮穩打的努力家，意志堅強。適合擔任領導他人的職務。

D　中分的長髮

具有豐富的感受性。討厭與他人爭執，而獨處時略有不甘寂寞的傾向。

E　中分的短髮

以知性獲勝的理論家類型。充滿著渴望獲得他人認可的強烈慾望。乍看下顯得老實，內心卻相當執著。

Q 8 調查你的睡姿

沈睡的你，是採取何種姿勢呢？左邊列舉五種睡眠時所擺放的位置，請從中挑選一個最接近的答案。

A 位於頭或頭髮的附近。

B 大腿。

C 雙手交握。

D 緊抓住毛毯。

E 其他。

C
A
D
B

A 8 瞭解對異性的關心度

〈解說〉

所謂「夢是心靈的避風港」，人為了完全地傾吐內心曖昧不明的印象，而以夢的自然方法表現出來。

我們為何必須傾吐內心的朦朧影像呢？那是因為人具有無法解決的感情上的矛盾、恐懼、敵意、無理的強求等。

我們雖然對這些懵懵懂懂的心態想要給以掩飾或否定，任何人卻無法完全將其消除。而內在林林總總的不明意圖會以各種不同的面貌出現。在公司卑躬屈膝地壓抑自我感情的人，一旦回到家裡，動輒對家人亂發脾氣，或毆打小貓、小狗等畜牲就是其中一例。

而夢也是一樣。對於不安的事或難以解決的問題，會在夢境裡以毫無妨礙的型態出現，藉此消除心中的鬱悶。

睡姿和無意識的世界也有密切的關係。在此所要診斷的是，睡眠中無意識的狀態所表示的「對異性的關心度」。

〈診斷〉

A　擺在頭髮或頭的附近

這是對自己缺乏信心，有許多心理煩惱時所採取的動作。或對戀愛感到膽怯的時候。而對知性關心較為強烈的人，也常有這種姿勢。無意識中用手保護頭部。

B　大腿

有性的慾求不滿時。雖然對異性的關心極高，卻無法稱心如意時的姿勢。幻想著各種綺麗的夢想或夢見與心儀的異性約會的情景時，常見這種睡姿。

C　雙手交握

對同性的關心勝於異性。將手搭在臀部的睡姿也屬於這種類型。

D　抓住毛毯

具有「性是齷齪行為」的強烈意識的人。或者對異性的警戒心非常強。在戀愛方面認為追求精神之愛的柏拉圖式戀情，遠比肉體上的性愛更為理想。

E　其他

性關心度屬於一般。並沒有特別煩惱或想不開的心事狀態。

Q 9　他是一決勝負的男人嗎？

人天性喜歡賭博。最近連女性也熱衷於賽馬的遊戲。妳的男友可能對下列那一種賭博沈迷呢？

A　賽輪。
B　賽馬。
C　圍棋。
D　柏青哥。

A 9

喜好圍棋者討厭受人指使

〈解說〉

當人沈迷於某種興趣或遊戲時，最重要的是，必須能隨時完全地從執著中回復過來。難得的假期在家裡欣賞古典音樂，卻還掛意著工作或讀書方面的事情，這個休假就失去意義，總是變成半調子的狀態。遊戲時應全力投入，刻意地消除模稜兩可的時間。這也有助於培養集中力。

若根據賭博別調查人的性格，似乎可做以下的區分。

〈診斷〉

A 賽輪……對賭博的喜好和個人的職業或性格也有密切的關係。

一般而言，賽輪本身並沒有太大的樂趣，也不適合與女性的約會。據說生活不安定或渴望以稀少的資金一決勝負的人，很容易沈迷於賽輪或賽艇的賭博中。

在這種賭博獲利的人，對金錢的使用法和其他的賭博項目不同，往往在大吃大喝中揮霍殆盡。

對人的好惡也非常明顯，雖然是人情家，卻多半是易怒者。具有個人的生活信條，重視義理人情。

B **賽馬**……喜歡賽馬的人和賽輪或賽艇不同的是，雖然為賺錢而日夜奔走，卻會重視自己的本業並注意體面。非常在意自己在周遭人眼中的形象。

這種類型者重視團體活動，鮮少獨斷獨行。把全副精神投注在組織或公司中，多半是中堅上班族類型。

C **圍棋**……喜歡圍棋或象棋的人似乎以擅長分析力、洞察力的智慧型上班族為多。自尊心高、對自己的地位或工作引以為傲，喜歡下達命令，勝於受人指使的類型。

同時，也具有強烈的優等生意識，對長上順從卻對晚輩表現剛強的一面。雖然在初次見面時鮮少與他人打成一片，然而重視作用，因介紹者的推薦很可能立即使人產生信用。

重視同學等同伴的人中，也常有以此為興趣者。

D　柏青哥……具有立即配合流行的順應性，另一方面卻也易冷易熱。容易受周遭意見的左右，很難表達自我意見。

有輕諾的傾向，往往在實行之前磨磨蹭蹭而令人傷腦筋。

但是，腦筋圓滑、擅長與人交際。

也是屬於不無理強求的安全型，不過，似乎多半是討厭靜居家中或不甘寂寞、么兒、怕老婆的人。

Q 10

喜歡那一隻貓？

請仔細看左圖四隻小貓。每隻貓各有其特徵，你喜歡的貓、討厭的貓那一隻呢？

A 10 看穿你的自卑感

〈解說〉

喜歡貓的人似乎看見弱小者被欺負的模樣無法坐視不管。因為，他們認為彷彿是自己本身被鞭策、欺凌一樣。喜歡貓的人可以說是同情弱者、易受感動的溫和型。

這個測驗不僅適合喜歡貓的人，也能診斷不喜歡貓的人。

你對自己那些方面缺乏自信呢？從你所挑選的兩隻貓中，可以判斷潛伏在你心裡的自卑感。

〈診斷〉

○＝A的人

×＝B

你目前處於渴望依賴某人或向對方撒嬌的狀態。然而卻強制忍耐不讓他人看穿自己的心意。也許是你缺乏自信的時候。

你似乎缺乏行動力，帶有自卑感。

○＝A的人
×＝C的人

對自己的體態或容貌具有強烈自卑感。其實你本身也有足以吸引人的地方，只不過是和周遭者比較時，自慚形穢罷了？

○＝A的人
×＝D的人

你也許對比自己年幼的人，亦即晚輩或弟、妹帶有自卑感吧？而且似乎覺得自己應該凡事帶頭領先。雖然渴望自由地率性而為，卻對無法附諸實行的自己感到懊惱。

○＝B的人
×＝A的人

容易感到自卑的人。渴望被衆人吹捧起鬨，如果得不到溫柔的對待，會覺得寂寞。因此，如果有人對自己表示冷淡，會因而失去信心而感到自卑。

○＝B的人
×＝C

認真的你，本來渴望與衆人胡鬧起鬨、悠哉地過活，卻因為過度在意禮儀法度或周遭的情況而無法率性而為。對自己過於老實帶有自卑感。

○＝B的人
×＝D

你對自己的發言或行動缺乏自信。過度恐懼在衆人前談話，在談話之前會悲觀地想像也許會出紕漏。可能在你磨磨蹭蹭之中而錯失良好的機會吧？

○＝C的人
×＝A

目前的你，找不到任何的自卑感。

具有樂觀的想法，能向任何事物挑戰、不畏失敗。可能有時會因過於慌張或過份自信而把事情搞砸而已。

○＝C的人

×＝B

具備迅速敏捷地處理事務的能力，不過，對打扮或時髦方面有時可能帶有自卑感。渴望他人的物品或對他人的流行服飾羨慕不已。

○＝C的人

×＝D

可能為了避免讓他人看見自己不好的一面而煞費苦心。有時因過度警戒而無法完全地表現真正的自我。你的自卑感表現在談吐方式上，因此，最好對自我表現帶有信心。

○＝D的人

×＝A

由於過度忠厚老實，因此，看見他人行動敏捷或言詞表達機伶時，也渴望自己能有類似的表現。你所缺乏的一點勇氣變成了自卑感。

○＝D
×＝B　的人

你是勇氣十足的人。不依賴他人、連他人討厭的工作也不推卸。你的作為有時顯得粗暴，很可能因而對於談吐方式或舉止行動缺乏優雅而帶有自卑感。

○＝D
×＝C　的人

你是開朗、活動型的人，安靜等候的姿勢對你而言，是令人焦躁不安的事吧。渴望與人交往、和衆人打成一片，事實上也辦得到，不過，偶而對自己八面玲瓏的態度會感到自卑感。

為何會產生「一見鍾情」的現象？——專欄①

何謂第一印象？

每到結婚的季節，在週刊雜誌或電視的綜藝節目上常見男女間「匹配性」問題的討論。

所謂「匹配性」不僅是男女間，也存在於商場界。

據說日本西武集團的堤康次郎先生似乎在生理上排斥東急的董事長五島慶太先生。這與其說是反對五島先生的理論，原因毋寧是氣味不相投合。

在商場界或政治界似乎也相當重視這類對人的喜好，亦即匹配性的問題吧？我們在與他人初次見面時是否能帶給對方良好的印象，似乎是決定於雙方「匹配性」良好與否而勝過服裝或談吐方式的吸引吧？

各位不妨回想從前在學校或公司所碰見的令人產生好感的人的臉孔。他們是否有某種共通之處呢？他們的眼睛、嘴角邊應該有其共通的特徵。

據說對異性所產生的「一見鍾情」的現象，也常受這類生理上的喜好所影響。

「一見鍾情」的深層心理

對自己的頭髮具有自信的女性，多半對頭髮整齊秀美，尤其是領口潔淨而帶有美感的男性或留有鬍子的男性一見鍾情。

當從對方身上發現與自己無意識中，對自己身體某部最具自信或認為最美麗的部份不謀而合時，即會產生「一見鍾情」的現象。

據說一眼看見對方即心動，多半不是因為喜歡其臉孔的面貌或整體的模樣，多半是對身體上的部份，諸如眼睛、鼻子、嘴巴等特定的部位感到魅力所致。

佛洛伊德學派的奧地利學者，修特格爾稱這種現象為「戀物症」（fetishism）。

當女性看見男性的鼻子覺得對方是「英俊的人」時，乃是對鼻子具有戀物症，這也表示對男性性能力的強壯具有憧憬。性經驗越豐富的女性，越具有注意男性鼻子的傾向，往往對擁有高挺鼻子的男性一見鍾情。

我有一位朋友是個帶有戀父情結的女性。已過適婚年齡卻一直不結婚，因此，親戚好友感到擔心紛紛建議她相親。但是，當事者經過數次相親也一無所動。

有一次，她認識一個離婚兩年的三十多歲的男子。不久，她瘋狂地熱愛著對方，向父母表白無論如何要和那位男子結婚。據說她的父母因為擔心女兒的幸福而對與一個三十多歲又有離婚經驗的男子極力反對。然而她的心意已定，終於離家出走與對方同居。

她為何那麼沈迷那位男性呢？其中有各種原因，而決定性的要素乃是他也是個禿頭。

事實上她的父親也是禿頭。原來她在無意識中對「禿頭」具有戀物症。人的嗜好，亦即「匹配性」之中，常受到乍看下顯得不合理的事物的強烈影響。

感應的部位是那裡？

以下介紹美國伊利諾伊大學的心理學家們，所進行的一項有趣的研究。實驗的內容是讓男大學生看各種體型的女裸體影圖，再調查個人的嗜好，從而瞭解對裸體的嗜好與性格或學業成績之間是否有所關連。

根據這項調查的結果，成績優秀又具有社會順應性的學生，和其他的學生之間有極大的出入。

一般而言，美國的男性越喜歡胸部發達、臀部不太大的苗條身材的女性的人，多半是性格較安定、學業成績也優秀的學生。

而喜歡臀部大、胸部也發達、大腿粗肥的女性的男性，從調查結果發現，多半是反體制型、暴力型的男學生。

自古以來多數的性學者或佛洛伊德學派的人士常有這類的研究。綜合這些研究，據說人的關心往往集中在自己所認為的發情部位。尤其是容易感應性發情的部份（性感帶）——諸如眉毛、頭髮、眼睛、鼻子、體臭等常令人感到魅力。

這就是所謂的「戀物症」「部份魅力」。對手有戀物症的人，會被雙手秀美的異性所吸引而一見鍾情。

據說性經驗豐富的女性越容易對男性的鼻子產生戀物症。因為，鼻子會令人連想到男性性器，它是很容易產生「由下取代上面形狀」的現象的部位。認為鼻子是臉上的「性器」的心理在無意識中產生作用，使得性經驗豐富的女性，對鼻子高挺的男性感到對性的信賴感而一見鍾情。

第三章 對自己的眞面目大吃一驚

●我這麼複雜嗎？

人世間最難以瞭解的無非是自己本身。心理學的歷史可以說是為了瞭解自己的性格，而一再地試行錯誤以尋求其方法的歷史演變吧。希望哲學家蘇格拉底曾訓勉人：「認識你自己！」其實認識自己乃是戀愛遊戲的第一步。

本章將讓你發現你自己本身也尚未所覺，隱藏在自己心中的優點；抽絲剝繭地找出自己的負面性格。

Q 1 這個人到底在幹什麼？

午後來到繁華熱鬧的街道，突然看見這樣的光景。很可惜的是只看到這個男子的雙腳。他現在到底在幹什麼？請從下面的項目中挑選與你的想像最接近的答案。

A　看著自己的雙腳。
B　等人。
C　讓他人拍照。
D　站著吃麵。
E　正在打電話。

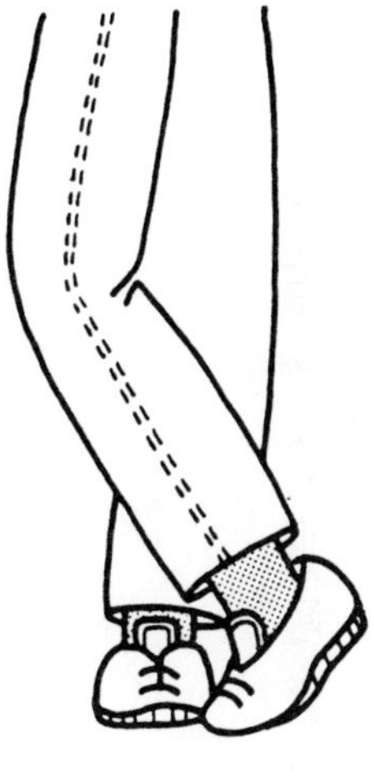

A 1　立即瞭解你的人際關係

〈解說〉

不經意所流露的動作有各種的暗示，本題則限定這位男子是在做什麼？而有那樣的動作。

換言之，這是根據那個男人所處的狀況，而探討你的推理的問題。無意識中所做的回答立即可以瞭解你的人際關係的類型，這可嚇人吧！

〈診斷〉

選擇A的人

責任感相當強的人。不過，凡事都由自己承擔而操勞辛苦。

選擇B的人

是屬於常識型。總是含蓄內斂，雖然欠缺幽默感卻是誠實而努力的人。

選擇C的人

自我意識強烈，具有任性的一面。任何時候都渴望以自己為中心的類型。

選擇D的人

是團體中的甘草人物。乍看下顯得開朗卻具有難以抹滅的頑固性。

選擇E的人

不矯柔做作，可以坦白交往的人。個性善良總是為他人著想。

Q 2

打破了陶器該怎麼辦？

走在馬路上心不在焉，不小心和路人撞個正著！對方手上抱著的昂貴陶器，碰一聲地落在地上。如果你碰到這樣的場合該怎麼辦？
請從左邊的說詞中選擇自己可能說出的一句話。

A「你自己也不注意啊！」
B「真不巧，這裡有一塊石頭嘛！」
C「對不起，我賠償您。」
D「對不起、對不起。」

呀！

A 2

他罰型或自罰型

〈解說〉
在遭遇突發事故時才會暴露人的本性。這個測驗被稱為「F Stady」。

〈診斷〉
A……把一切的責任推卸給他人的不負責任型。在旁人眼中也是個任性的人。
B……不把責任推給自己或他人的無罰型。個性冷酷，難以暴露真心，因而常受誤解。
C……所有責任一肩挑的類型。因人太好常會背負重任。
D……誠實的人。仔細考慮事物再採取行動，不會有自以為是的判斷而失敗的經驗。

Q 3 看起來像是什麼心情？

左邊五張臉譜似乎各表示不同的心情。你認為那是什麼心情呢？
請直接把想到的話語填寫下來。

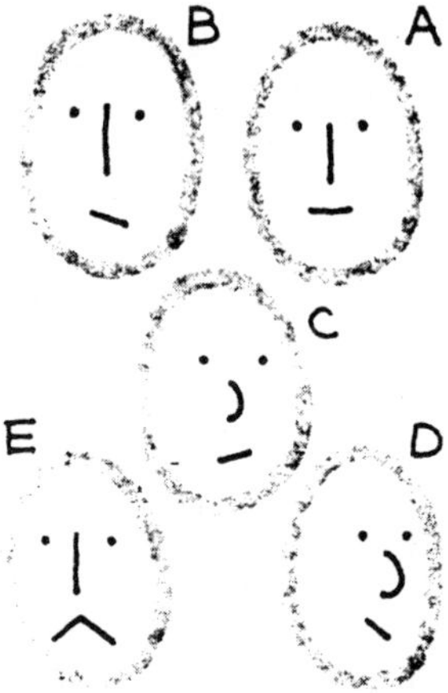

A的臉孔……（　　　）
B的臉孔……（　　　）
C的臉孔……（　　　）
D的臉孔……（　　　）
E的臉孔……（　　　）

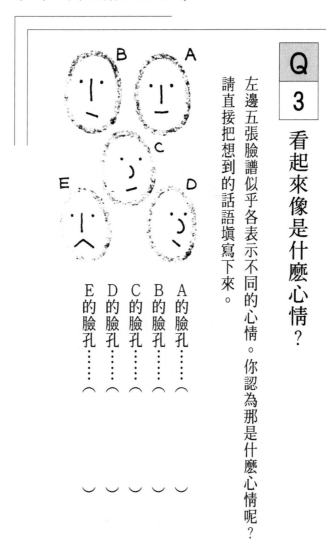

A 3

可以發現人際關係上的偏頗度

＜解說＞

能夠保持人際關係的圓滑，從某個角度來看，比具備卓越的才能更為重要。

因為，在美國據說因工作的關係，喪失對自己才能或適性的信心而離職者，只有百分之二十二，因人際關係的失敗而辭職者，高居百分之七十八。

而且，據說這種因人際關係失敗而離職的比率，年年有增加的趨勢。

由此可見人際關係在我們人生舞台上是何等地重要。

在「男與女」的關係上，若想讓對方對戀情堅定不移，到底還是需要「正確的人際關係」。

＜診斷＞

A的臉孔……悠哉、無所謂、認真、老實、穩健。
B的臉孔……心酸、失敗、不滿、悲傷、無聊。
C的臉孔……懊悔、偏頗、彆扭、討厭、佯裝不知。
D的臉孔……敵意、等著瞧！忽視、排斥。
E的臉孔……孤獨、忍耐、惋惜、寂寞。

你的答案和上述的聯想接近嗎？

即使內容不盡相同，卻也能想到和例中所舉的簡短語詞類似的人，一般而言都能夠擁有正當的人際關係。

相對地，想到冗長文章或特殊字句的人，是難以相處的人。多半是自我顯示慾強，常有自以為是的判斷而遭受誤解。

Q 4

幸福的瞬間？

對任何人而言，和情人相處的時光是最快樂的。人似乎願意犧牲所有其他的一切，而珍惜那段美麗的時光。左邊有三種男女約會的情景，你認為那一個女性顯得最快樂呢？請從A、B、C中挑選一個答案。

A
B
C

A4　瞭解你所隱藏的性魅力

〈解說〉

這個測驗可以自然地看穿你在什麼樣的狀況下，渴望得到男性的認可。也許你自己本身也對自己的魅力有所自覺吧。

〈診斷〉

選擇A的人……坦率自然、毫不矯柔做作乃是你的魅力所在。如果是女性常被稱讚「不化妝的臉較好看」。雖然性魅力度不高，卻是受異性歡迎的人。

選擇B的人……開朗、活潑乃是你的魅力所在。有許多異性會被你的舉止行動或談吐所吸引。在你熱衷於某件事物時，顯得最神采奕奕。

選擇C的人……性格成熟，具有強烈的性魅力。不過，似乎也有自我意識過盛的一面。

Q 5

電梯之謎

不論在公司、學校或公共場所，不搭乘電梯的日子似乎越來越少了。

請問，搭電梯時你會站在那個位置？

A 5　從所站的位置瞭解慾求不滿度

〈解說〉

仔細觀察走進電梯裡的人的動作，會發現有其共通之處。

那是一種習性，看見電梯門打開，走進裡頭時，任何人幾乎都會反轉過來面向電梯門。

幾乎所有的人在做完這個動作後，即決定自己所站立的位置。

當然，根據個人的習慣所站立的位置有所不同，然而站立的位置正可以瞭解該人的慾求不滿度。

〈診斷〉

站在A的位置的人……大概沒有慾求不滿吧。如果有所不滿也不會表現出來，具有強烈的自制力，可以巧妙地控制自己的情緒。可以在所賦與的範圍內自然地發洩慾望。

站在B的位置的人……相當焦躁不安、若不發洩內在的不滿則無法忍耐的類型。很容易為無聊小事動怒，自己也為易怒的天性感到焦慮。

站在C的位置的人……我行我素型、慾望少。覺得疲倦或對異性缺乏興趣，時常會站在這個位置，尤其是老年人或中年女性。

站在D的位置的人……慾求不滿度相當高，想要發洩其內在的不滿。同時，對異性的關心度也強，渴望隨時能和他人共處的難耐寂寞者。

站在E的位置的人……對嶄新的事物趨之若鶩、好奇心強的人。即使有所不滿也會把精力發洩在其他的事物上，屬於活動型。站在這個位置上的人似乎以年輕男性為多。

Q 6

兔子要暗示什麼？

請將A～F的卡片用您喜歡的故事情節編排下來。隨意捏造的故事都行。

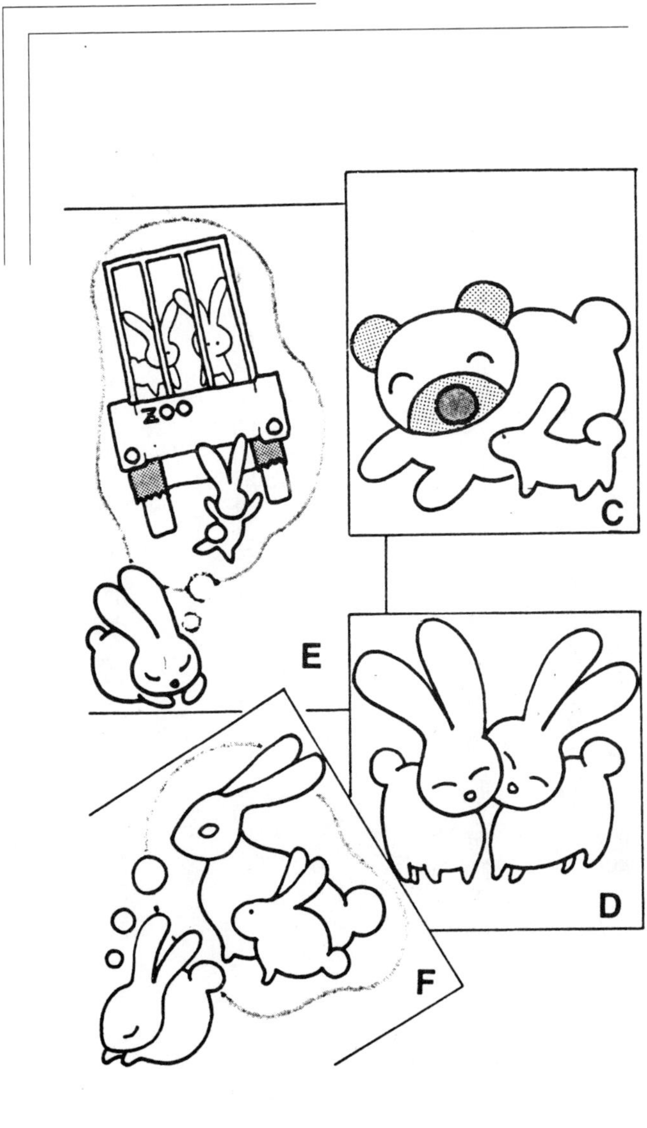
ZOO
C
E
D
F

A 6 認識你與周遭者的協調度

〈解說〉

這個測驗所要測定的是，你和周遭者的協調度、疏遠度。

根據第4張卡片所排的是那一張，而認識你的類型。

〈診斷〉

第4張卡片是A的人

半疏遠型。你並非被所有人疏遠。只不過會明顯地區分能立即打成一片者，及無法相處融洽的人。

雖然內心渴望和他人和平相處，卻也會有志不同道不合的人。

換言之，由於生理上有令你討厭的人，在人際關係上會有疏離感。

認定自己可以和任何人相處得宜，也是非常重要的心態。

第4張卡片是B的人

起伏疏遠型。你具有陰晴不定的一面。當和大家胡鬧起鬨時，一旦覺得有所不快，會變了個人似地陷入沈默。也許旁人被你捉摸不定的舉止弄得疲憊不堪。

今天也許和大夥兒打成一片，明天可能又獨自躲進自己的象牙塔。如果被他人疏遠也許原因是出在你那陰晴不定的態度。

第4張卡片是C的人

蠻橫疏遠型。你往往過份強迫對方接受自己的觀念，或對自己的損益斤斤計較，而和他人格格不入。

首先，最重要的是擁有為對方設想的態度。一點體貼之心乃是促成你和周遭人相處融洽的捷徑。你應該注意不留痕跡地為他人設想。

第4張卡片是D的人

適度疏遠型。你目前應該適應得非常良好。彷彿辦公桌上筆架上的鉛筆或剪刀等井然有序、不多不寡地併排在一起的狀態，會自然地表現自己，人際關係上也無大礙。

有許多人對你即使多少有點不滿也會忍耐吧！

今後只要能持守你以往的生活方式或態度即可。

第4張卡片是E的人

一般疏遠型。這種類型的疏遠度屬於一般。處事機伶、行動敏捷，不過，也許會擔心自己被人疏遠，或生活方式和他人不同吧！

尤其是想要從事某種獨特的事情時，常會擔心是否會受旁人的責難，然而其中多半是「多慮」。在該採取行動時不必太在意旁人的耳目。

第4張卡片是F的人

誤解疏遠型。雖然自己並沒有標新立異的念頭，在旁人眼中卻是難以相處的人、奇怪的人、愛標新立異的人。

不過，只要能瞭解你的真心，這些誤解應該會慢慢地消除。

躲在自己的象牙塔內很明顯地對自己會造成負面影響，因此，應該耐心地和周遭人交談避免產生誤會或錯覺。

Q 7

稍嫌不足的風景畫

左邊有一幅尚未完成的風景畫。

請在這個畫中依序描繪下面的項目。描繪的位置、形狀、大小各隨人意。請自由地描繪。

1 樹木

2 馬路

3 汽車

A7 描繪筆直的馬路是「不讓鬚眉型」

〈解說〉

這是非常簡單的測驗，然而藉此卻能洞穿三種心理。

從樹木的描繪方式，基本上可以調查是具有幼兒性或成年人的觀念。從道路的描繪方式可以判斷是協調型或獨斷型。

至於汽車的描繪法，則可以掌握男性度、女性度，亦即廣義的性格。

〈診斷〉

描繪何種樹木？

把樹描繪在圖畫的角落或描繪有細小枝幹或樹葉的樹木的人，具有強烈的幼兒性。

一般而言，成年人所描繪的樹木其上方都較大。

描繪尖狀的樹木或樹枝的人，具有任性的一面。描繪細小的樹葉的人，想法上較成熟，屬於冷靜的類型。

描繪什麽樣的馬路？

描繪曲折馬路的人，是面面俱到的類型。在團體中屬於經理型。

相反地，描繪筆直的馬路的人，個性大而化之，是値得倚賴的類型。

具有身為領導者、帶頭領先的能力，其中也有獨斷獨行的人。

若是女性也許是所謂「不讓鬚眉型」。

描繪何種汽車？

輪胎描繪的越大越具男性化。而描繪朝向右方的汽車的人，多半帶有陽剛氣，是屬於個性坦率不拐彎抹角的人。

若是女性，則稍欠成熟女性的魅力。

第四章　重新反省自己

●如何走出戀愛的迷路

　從認識到墜入情網的男女二人之間，雖然有愛情的羈絆，終究會有各種糾紛的產生。在不同的生活環境下成長、性格及觀念也互不相同的男女，在交往的過程中，自然會有所誤解或爭吵的事端。

　但是，如果把這理所當然的情況當成極為重大的危機，而使難得培育出的愛情化為雲煙，可是得不償失。請經由本章的測驗拂卻你心中的迷惘吧！

Q 1 三角戀愛也是戀愛

下面的問題是測驗你在三角戀愛中的競爭度。請回答以下七個問題，從合計的總分判斷自己的類型。

1 和心愛的他約會。當二人搭上電車後，發現有如圖示的空位。他建議你不妨坐下，若是你會怎麼辦？

A　分別坐在1和2的位置。

B　要求坐在1和2之間的人騰出空位。

C　兩個人都不坐而站著。

D　當你坐在1的位置，旁邊的男人應該會覺得不妥而主動騰出空位。

2 在你窮極無聊的時候，想描繪左邊圖形中的某一個圖形。你會選擇那一個圖形呢？

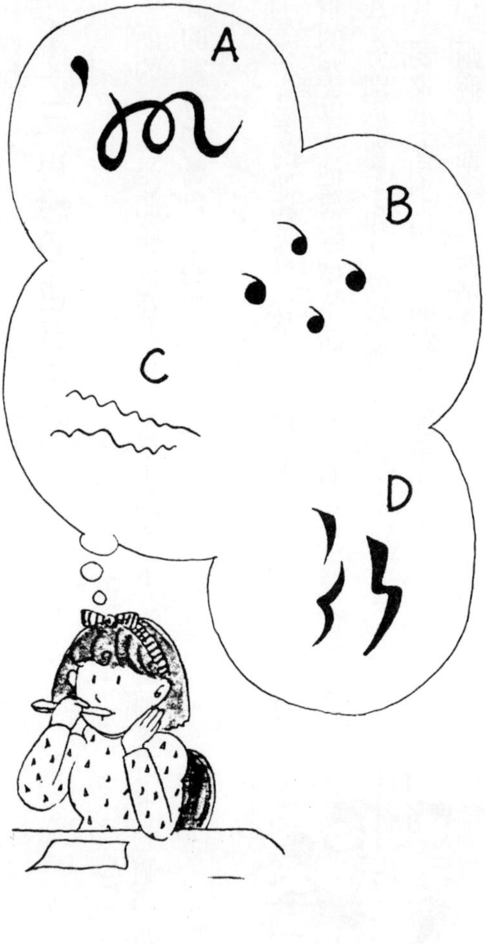

3 這輛電車是要開進隧道或正要離開隧道呢？根據你的直覺作答。

A 正要開出隧道。

B 正要駛入隧道。

C 發生事故而停止。

D 不得而知。

4 當你正要找一條線的時候發現棉被下有一條。而隱藏在棉被下的線是呈什麼樣的形狀？

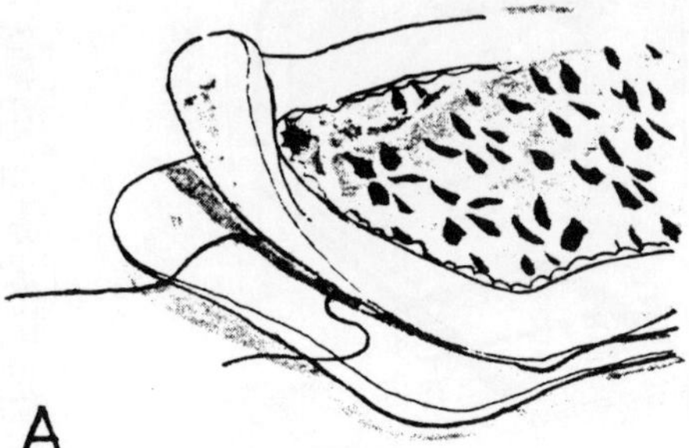

A

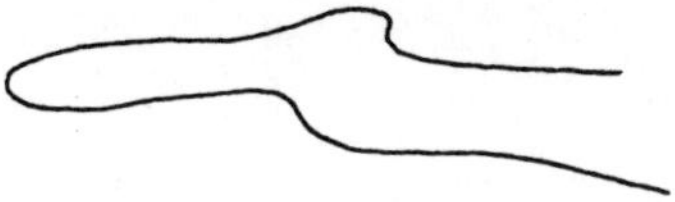

B

C

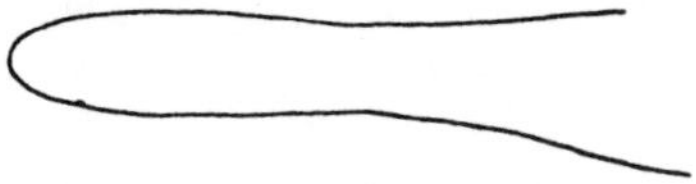

D

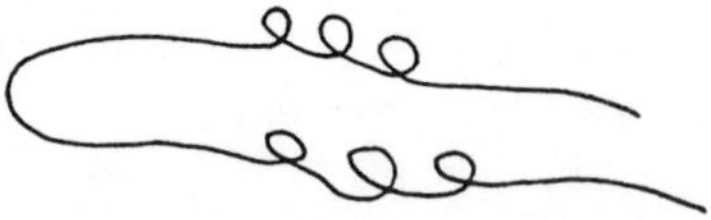

5 當你搭上電車時發現中間的車廂有許多空位。因此，你想走到那節車廂去，然而有一個帶著大行李的男子站在眼前而無法通過。當你硬要往前進時，那位男子瞪著你瞧，並故意把行李放在地上。若是你會怎麼辦？

A 向對方說：「對不起，請讓一下。」而穿過去。

B 故意調侃對方說：「你的行李掉了喔！」

C 無視他的存在硬穿過去。

D 抱怨說：「你的行李擋路了！」

6 你的朋友戴著一只和他並不搭配的手錶，卻洋洋得意地告訴你說：「怎麽樣，不錯吧？這可是義大利的手錶喔！」你會怎麽回答呢？

A 讚美說：「好棒喔！」

B「嗯，不過，和你不太搭配呢。」

C「我覺得以前的手錶比較好呢……」

D 沈默不語而帶著微笑。

7 你認為左圖的中年男子和旁邊的女子是何關係？

A 只是碰巧走同一個方向而已。

B 公司的上司和女部屬。

C 夫妻。

D 婚外情的關係。

A1 測驗三角關係的競爭度

〈解說〉

戀愛戰爭中必然有三角關係的存在。

若要在激烈的戀愛戰爭中獲勝，必須具備各種條件。本測驗可以立即判定戀愛中出現勁敵等不利狀況時，你的意志力會有何變化。

〈診斷〉

請從下面的得分表算出自己的總分。

測驗＼答	A	B	C	D
1	3	8	1	5
2	5	3	1	8
3	1	3	8	5
4	1	8	3	5
5	3	1	5	8
6	1	8	5	3
7	1	5	3	8

7～16分……類型1
17～26分……類型2
27～36分……類型3
37～46分……類型4
47～56分……類型5

類型1　放棄懦弱型

順其自然，恰如其分地立身處事的類型。如果出現勁敵，會立即認為自己無法匹敵而失去信心，正因為如此絕不會感到徬徨。

縱然會因三角關係而困擾，也會表現靜待結果的態度。雖然覺得心酸，也能強制忍耐的放棄型。不過，對方對於你能自我克制感覺或感情的人品，多半會有好感。

這種人絕對不會勃然大怒或氣急敗壞地責難對方。會顧及勁敵的感覺，在行止上有所收斂，這乃是你戀愛的類型。

以時間來證實你的感情終會有結果。不過，如果過於懦弱恐怕也會蒙受損失，這一點可要注意。

類型2　成熟之戀發展型

你是可以大談成熟之戀的類型。

即使對方有另一個喜歡的女性，你也會接納對方，表現出令人難以置信的寬容大度。

你認為：「既然是我所喜歡的俊俏男性，當然其他的女性也會喜歡。」態度坦蕩大方。

如果對方並非女友眾多的大眾情人型的男性，則不會被吸引，而你自己本身也會被其他男性吸引或與複數的男性交往。

雖然和各種不同類型的男性交往，最後只會選擇唯一適合自己的男性，一旦結婚之後會對自己的丈夫忠貞不二。

類型3　信賴熱情型

對於喜歡的人你認為最重要的是「信賴」關係。即使對方移情別戀，你也會堅守對他的愛情。一旦是自己信賴的人，不論發生任何事情也此情不移。

不僅具有強烈的信賴感，也是熱情的人。縱然有一點糾紛或煩惱，也會忍耐下來。

如果他背叛你，反而會對他表現忠貞、奉獻的態度。這乃是因為你是個執著又重視情感的人。

當你們愛情受到旁人的反對或障礙較多時，越會產生熱情的類型。

類型4　反駁挑戰型

當自己喜歡的人已有情人或出現情敵時，反而會急起直追的類型。

難以忍受男友對自己以外的女性表現溫柔。更何況被他人奪走心愛的人，是絕不容許的事。

當情敵越強時，越會激勵妳的熱情。只要能將喜歡的人佔為己有，三角糾紛根本不放在心上。

當妳喜歡上一個人時，就像拚命三郎一樣。如果有人阻礙這段戀情，會全力與其交戰。被為愛拚命的妳所愛的男性，也許是世界上最幸福（？）的人吧！

類型5　大混亂型

當妳知道有情敵出現或妳喜歡的人愛上其他的女性時，會陷入極度的恐慌。

碰到這樣的情況，可能會勃然大怒而胡言亂語，因過度寂寞而陷入絕望的深淵。平常冷靜而心地溫和的妳，唯有這個時候會判若兩人地改變原有的性格。

不過，即使妳明白對方已經移情別戀，卻無法懷恨或向對方復仇。雖然暫時會陷入恐慌而變得寂寞傷感，然而隨著時間的消逝漸漸會回復原本的自己。

經歷過痛苦的三角戀愛關係之後，應該會慢慢地成長為比以往更具魅力的女性。

Q 2

人生是圓形或四方形？

左邊有一個正方形和圓形。

如果添加一個三角形（▲）的記號，你認為最好描繪在那個位置？請憑你的第一印象從下面的項目中做挑選。

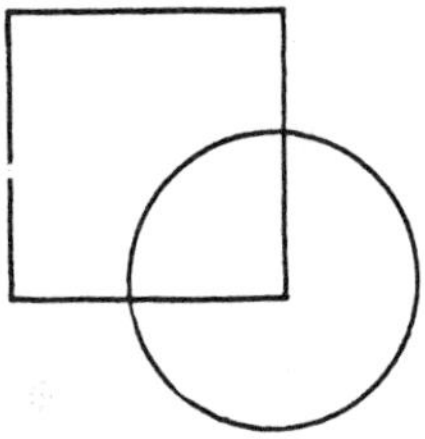

A

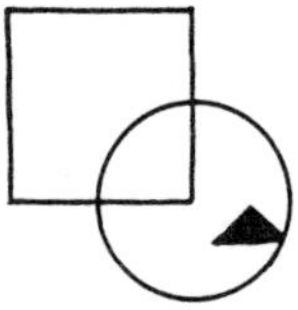

B

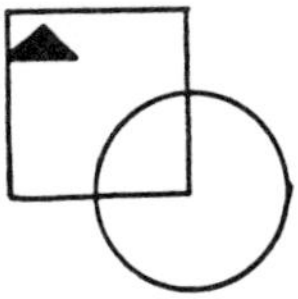

C

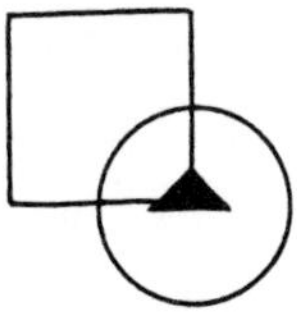

D

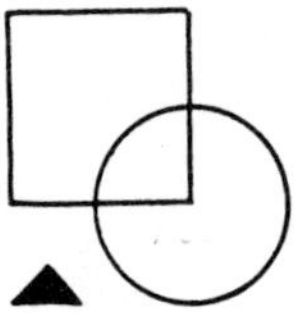

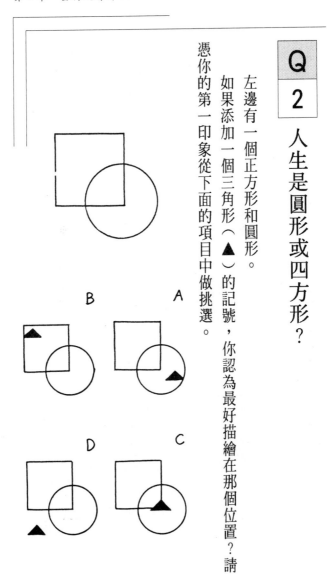

A 2 瞭解你的約會力學

〈解說〉這個三角形（▲）的位置所告訴我們的是，你和對方之間的力學關係，亦即你渴望什麼方式的約會。

〈診斷〉

A 柔順型

交往中任由異性掌握主導權的類型。至於約會的行程安排也尊重對方的意見。

B 均衡型

在人際關係上渴望能與他人平等處之的冷靜類型。即使被複數異性追求，也能適當應對的人。同時具備獨自行動的能力。

C　獨斷獨行型

強迫領導對方的類型。如果不順遂己意，有時會感到不快。若是女性，也有欺壓男性的人。

D　消極型

難以向對方敞開心胸、警戒心極強的人。約會數次之後也難以發展為戀愛關係，多半只能保持友誼。

Q 3

喜歡那一種樹木

請仔細看左邊的A～F的插圖，從中挑選您最喜歡的樹木。

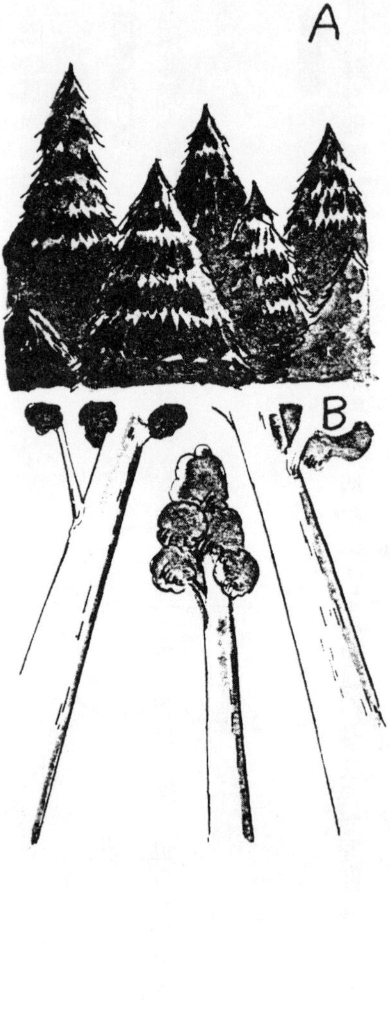

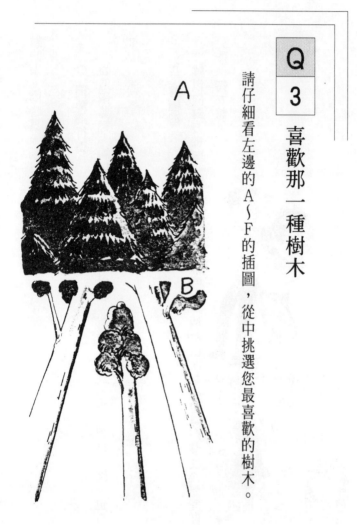

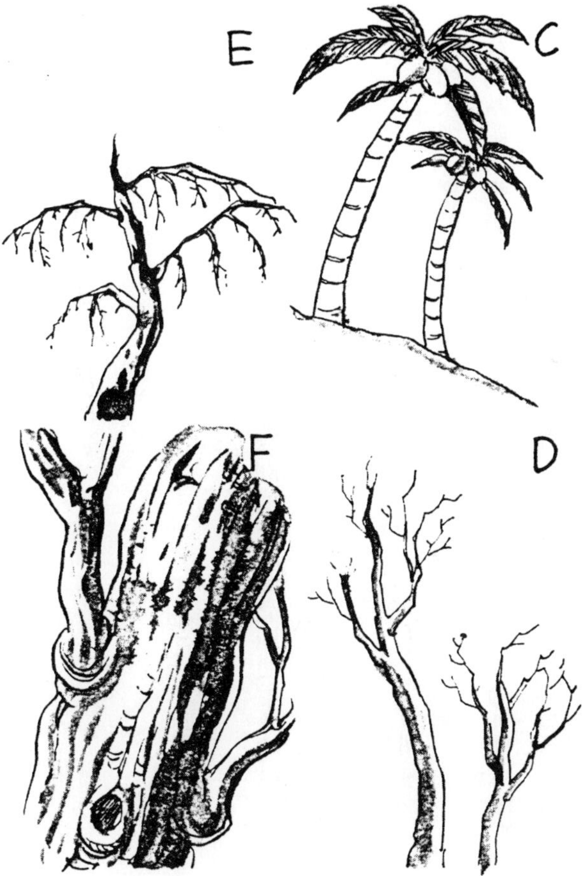
E
C
F
D

A 3 探討你的嫉妒度

〈解說〉

這個測驗是要了解你的嫉妒程度。

這種測驗稱為「Ｂａｕｍ」測驗，在歐洲或美國廣泛地使用於性格診斷。從各種形狀的樹木當中挑選自己喜歡的樹木，即可看穿你的性格嫉妒程度。

〈診斷〉

選擇Ａ的人——嫉妒度百分之八十八

如果你的嫉妒表現出來，會造成對方極大的心理傷害。因為，你可能脫口說出令對方深受打擊的話語。同時，即使對方事後已淡忘不快的一切，你卻會牢牢地記在心裡，動輒提起往事責難對方。

雖然很難消除曾經在心中燃起的嫉火，不過，建議您最好還是不要過度的執著才好。

選擇B的人——嫉妒度百分之七十二

妳也是嫉妒心相當強的人。平常對男友表現出心地善良的溫和形象，但是內心卻具有強烈的執著，因此，在緊要關頭也會妒火沖天。

妳似乎會把嫉妒心的箭頭指向情敵身上，而不針對男友。

請千萬注意不要因過度感情用事而暴露醜陋的一面。如果爭風吃醋不適可而止，會令男友逃之夭夭。

選擇C的人——嫉妒度百分之六十

表面顯得溫柔又具有幽默感的妳，事實上也會有咄咄逼人的時候。妳大概不會直接表示吃醋，而利用諷刺的話語來責難對方吧！

尤其是當男友表現冷淡的態度時，越容易產生嫉妒，不過，妳會說些不傷害對方自尊心的諷刺話，因此，對方也會自覺對不起妳。只要不行之過度，倒是恰到好處的嫉妒。

選擇D的人——嫉妒度百分之四十五

妳絕不會因為妒火高漲而對男友大發脾氣。相反地，你覺得悲傷時會大吃大喝或衝動購買，以發洩內心的鬱悶。事實上，雖然想要直接向男友表達嫉妒心，卻往往在緊要關頭什麼也做不出來。

妳這種好性格也是深受周遭人喜歡的原因，不過，只要心生嫉妒自然會產生壓力。最好平常多少發洩一下，以避免積壓過多。如果只是大吃大喝以消除鬱悶，恐怕會使妳原本的美貌破壞無遺。

選擇E的人——嫉妒度是零

心地非常善良的人，幾乎和嫉妒無緣，倒是因為妳一點也不爭風吃醋，而令男友感到心急如焚。因此，原本並不吃醋卻會佯裝吃醋的樣子。

這種個性的妳，與其說是吃他人的醋，毋寧是常被人吃醋。

即使和妳交往親密的女性，也可能被男友嫉妒喔！

選擇F的人——嫉妒度百分之九十五

有時會勃然大怒表現出幾近瘋狂的嫉妒，令自己也搞不懂自己。妳會把這種情緒直接地表現在對方身上。絕對不允許有所曖昧不明。

經過一段相當長的時間，回復冷靜後會自我反省，不過，一旦動起肝火又會反覆同樣的舉動。

妳所必要的，乃是注意不要一下子表現太過強烈的嫉妒。否則很容易被認為是歇斯底里的女人。

Q 4
動搖的心、混亂的思緒

有一個美女站在窗口眺望窗外。她到底在看什麽呢？請從下面的項目挑選和你的想像最接近的答案。

A　目送回去的情人。
B　等候情人到來。
C　不經意地眺望窗外的景色。
D　注意隔壁的房子。

第四章　重新反省自己

A 4 測試你的熱情度

〈解說〉

戀愛中的人其心理變化可真難以捉摸。

本來視同一般朋友的人，突然對其萌生戀情，或原本如膠似漆的情侶，卻漸漸地冷淡而疏遠。連自己也搞不懂戀愛的心理。不過，當我們把感情轉移到畫中的人物時，就可以掌握自己的心理。

〈診斷〉

選擇A的人

和喜歡的人之間的關係產生動搖，處於陷入消極的狀態。

您是否覺得：「自己可能不討人喜歡？」而感到不安呢？

或者是渴望和目前交往的人有更密切的關係。

選擇B的人

這是心情最亢奮的時候。內心充滿著對羅曼蒂克世界的憧憬。認為只要是為對方，什麼都辦得到。

選擇C的人

希望喜歡的人能真正獲得幸福。不僅有激烈的戀愛感情，也能以冷靜的心態開始感受責任的狀態。這可以說是對目前的戀情表現忠誠的證據。

選擇D的人

非常掛念心愛的人，陷入坐立不安的心態。

不過，卻因沒有向對方傳達自己的心意而感到焦慮。單相思傾向極強。

Q 5 希望變成那一個維納斯？

維納斯的雕像有各種不同的型態。

如果妳可以變成維納斯，妳想要擺出那一種動作呢？請從左邊的姿勢中挑選一個。

A

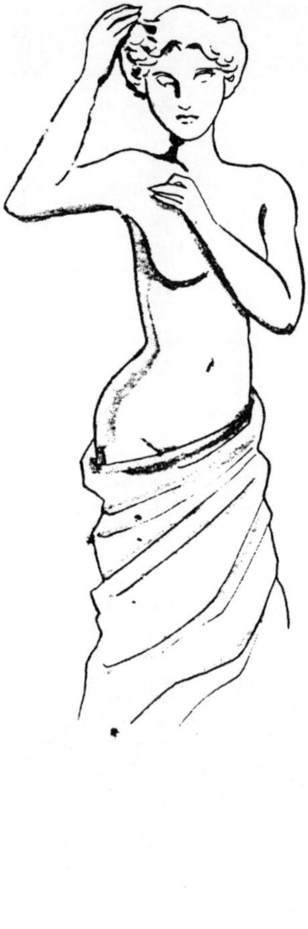

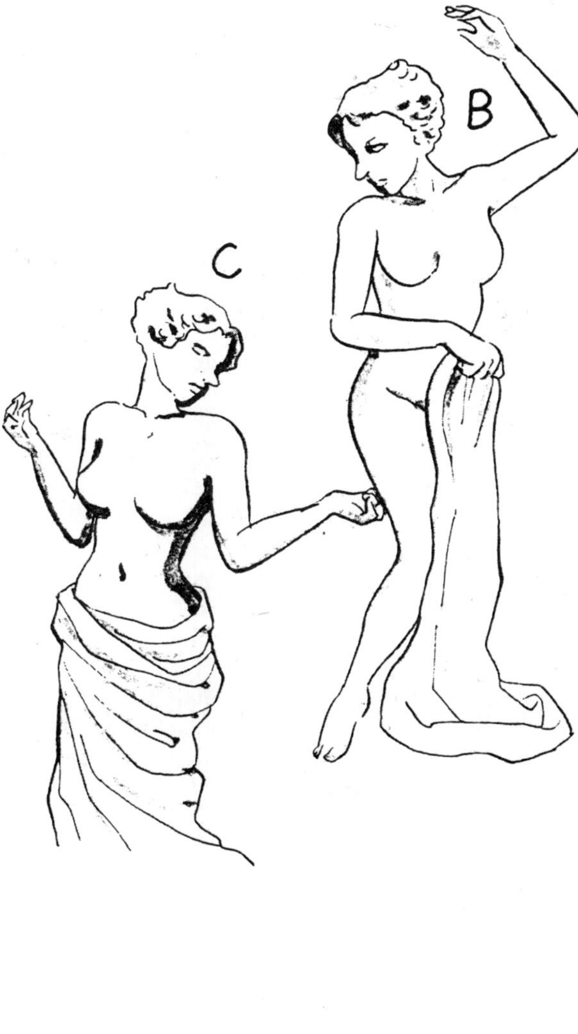
B
C

A 5　突顯妳的戀愛迷惘

〈解說〉

維納斯雕像的美麗不論從美術或心理學的觀點來看，都有其固定的風評。這件作品不由得令人對當時的創作者肅然起敬。

而從看過這三尊維納斯像的妳，所做的選擇可以發現妳在戀愛中的迷惘心理。妳所選擇的是下面那一個呢？

〈診斷〉

選擇A的人……道德心強，心理也健全。在戀愛方面會採取冷靜的態度。

不過，內心卻嚮往激烈的戀情。根據對方的領導會開拓嶄新的世界。

選擇B的人……對目前的戀愛感到焦急或迷惘。但是，即使有點不滿也會自我控制感情的人。應該可以熬過幾番波折吧！

選擇C的人……渴望和異性間有大膽而奔放的愛情。在愛情表現上也極具個性。不過，嫉妒心強，動輒會失去冷靜的狀態。

從一句「喂、喂……」認識戀情——專欄②

電話不會說謊

有人對打電話時猛低頭鞠躬的人嘲笑不已，不過，根據通話中的聲調或氣氛大致能揣測對方的模樣或身分地位。

縱然在遣辭用句上多麼地客氣恭謹，如果在電話的那頭一副心不在焉的樣子，也會立即露出馬腳。

相反地，觀察打電話者的動作也能瞭解他是以什麼樣的心態在交談。

參考以下的說明而觀察打電話的人，有時會發現該人所隱藏的另一個面貌，這可是個有趣的遊戲喔！

以率直的心情談話時

當穩穩地握住聽筒，談話時的姿勢也會自然地往前彎曲。帶著笑容或表現悲傷的表情，這些肢體動作令人以為通話的對方似乎就在眼前。

在電話交談中，深深地鞠躬或不停地點頭的動作，在旁人眼中顯得相當滑稽，然而這乃是以真心和對方交談的深層心理的表露。

另外，在可讓他人清楚地看見自己的容貌、舉止的公共電話，講電話能態度從容，電話的對象多半是同性朋友或家人等，並不需要顧慮禮儀法度的人。

和喜歡的異性交談時

不論男女會感到對方彷彿就在眼前般地緊張。

如果是男性，會有撥弄領口或撫摸頭髮的動作，非常在意談話時的姿勢。若是女性，彷彿面對鏡子化妝一樣，臉孔的表情變得認真。

這乃是渴望表現自己好的一面，博得對方歡心的意識，在無意識中流露於表情或動作上。當然，如果男女二人的關係變得親密，這種緊張感即會迅速地消失。

禮貌上和討厭的人交談時

在電話的通話中會胡亂塗鴉或在手上玩弄鉛筆或電話線，多半對談話的內容不感興趣，或腦中思考著其他的事情。

身邊有椅子卻站著談話，乃是有緊急的事情或並不願多談的時候。這是渴望早點掛電話的心態表示。如果對通話的對方帶有好感或渴望深入地交談、享受談話的樂趣，多半會坐下來談電話。

另外，對談話內容毫不關心時，拿聽筒的手也會變得鬆弛無力。

對方說出令人震驚的話語時

通話中突然不再搖晃椅子或端正原本散漫的姿勢，乃是交談中出現了相當重要的話題的訊息。

原本站立的人突然坐在椅上，乃是對所談的話題開始產生好感。相反地，原本坐著的人突然站起來，乃是迫切地想知道對方談話的結論，或想向對方明確地傳達自己的意見的動作。

將手搭在桌子的抽屜上或開始胡亂摸索桌上的東西，乃是不知何以回應對方時常見的動作。

第五章　稍微改變性格

●從今天開始又有一個嶄新的我

現今自由的社會，似乎有許多男女交往的機會，而事實上，仍有不少人難得與異性相處。受異性歡迎的人，身邊常聚集著許多爭寵的追求者，然而不受歡迎的人，卻沒有獲得青睞的機會。

有時自己毫無所覺的無意識所作用下的心理或態度，在不知不覺中會讓異性敬而遠之。這樣的你，必須掌握自己的問題所在。如果分析自己目前的心理，再從而三省吾身，一定可以使你脫胎換骨有若重生。

Q 1　男女間的劇情演變如何？

請回答下面1到7的問題。

1　開車兜風時男性問女性說：「妳怎麼了？」這位女子做何回答呢？

A　覺得不舒服，好像暈車了。
B　我不應該來的，真無聊。
C　對不起，沒什麼。

2 一名女子坐在公園的椅凳上流著淚。後面有一名男子向她說話。他到底說什麼呢？

A 我們分手吧！再交往下去我們兩個人都完了。

B 妳仍然要結婚嗎？我這麼愛妳……。

C 我會幫助妳的。請相信我吧！

③ 在羅馬著名的特雷比噴泉之前，一名年輕的女性把一個硬幣往後丟進泉內。

結果旁邊的男子說：「再怎麼許願也無效喔！」

那麼，這位女性作何回答呢？

A 這是我的自由。

B 是啊，也許不管用，不過……。

C 不，我認為一定可以達成我的願望。

④左邊的故事在圖中消失了。你認為第「３」幕最適合什麼？

A 舊情人重逢的場面。現在她決定和交往中的男性分手，而回到重逢的舊情人的身邊。

B 她已經結婚。所以，雖然打了招呼仍然和丈夫離去。

C 他向前女友求婚。舊情人和目前的情人打起架來，目前的情人強行拉走不願意離去的女子。

5 有一對情侶走在馬路上。一名女性看見那你儂我儂的光景，說了一句話，那對情侶中的男子到底是什麼樣的人？

A 公司的上司。

B 她的男朋友。

C 電視明星。

6 你認為拒絕說：「我們不可能結婚」的人是誰？

A 年紀較輕的男性。

B 小時離異的異父兄妹。

C 有妻室的中年人。

7 雖然喜歡對方卻被對方說不來電的男性是什麼人？

A 青年實業家。

B 棒球選手。

C 電視明星。

A 1 單戀的理由

〈解說〉

許久沒有結交男（女）朋友的人，常會哀嘆為何鬧單戀的總是自己呢？不過，卻也不能因此產生酸葡萄心理，而認為別人的眼光太差吧！

常會鬧單戀的原因到底出在什麼地方？在此我們得好好地研究一下。其實，本測驗根據你構想的習性，即可明瞭何以會鬧單戀的原因。

〈診斷〉

請根據左頁的得分表合計你從1到7所做的解答的得分，從而決定自己是A類型到E類型中的那一型。

答／測驗	A	B	C
1	3	1	5
2	1	3	5
3	3	1	5
4	5	3	1
5	1	3	5
6	3	1	5
7	3	1	5

7～12分……A類型
13～18分……B類型
19～24分……C類型
25～30分……D類型
31～35分……E類型

A類型——缺點是過於自我本位

你造成單戀的原因多半是在想法上過於以自我為本位，而無法察覺對方的感受。

即使剛開始的交往頗為順利，時日一久往往會變得任性，而以自己的方便為優先。

從不關心對方的感受，把情緒直接了當地表現出來。即使凡事忍耐、讓步的對方，總有一天也會離你遠去。

男女間的關係再親密也不能恃驕而縱。你以為已掌握對方的一切，其實有許多地方是你尚未察覺之處。

B類型——缺點是表現力不足

你的問題似乎是出在自己的感情表達方式。雖然你有心傳達自己的真意，卻會產生誤導。

只有你一廂情願地認定對方一定瞭解你，而對方根本不懂你的心意。

有時對方會以為你心中已有他人，或懷疑你根本一點也不喜歡他。

你的表現力不足，似乎會帶來誤解，而造成單向戀情無法達到終點的原因。

C類型——缺點是過於慎重

你鬧單戀的原因是出在時機的問題。

雖然對方已表示ＯＫ的訊息，而你卻毫無反應，或當對方並無此意時，卻反而無理強求……。

尤其是難得的機會已來到眼前，卻因為毫無所覺而錯失愛神的造訪。

而且，在您考慮再三的思慮中，已磋跎了不少時間。

時機對戀愛而言非常重要。過於慎重、迷惘都應避諱。有時必須有毅然決然的挑戰心。

D類型——缺點是過於自信

你造成單戀的原因，乃是出在自認為凡事都可順遂己意的自信過盛。

你從不迎合對方，卻又強迫性地帶頭領導，甚至傷害到對方的自尊，這一點也許你自己本身也毫無所覺。自信滿滿的態度有時會變成惡意的挑釁。招致對方的反駁也是理所當然的。

另外，因自認對方一定喜歡自己，而有怠慢忽視對方的傾向。

E類型——缺點是太受歡迎

開朗、積極，和任何人都能開誠佈公地交往的你，身邊擁有許多朋友。

但是，你與生俱有的行動力或積極性一旦針對唯一的異性時，反而會造成阻礙雙方戀情的原因。

即使有許多異性渴望與你交往，然而你卻難以從中找到真正喜歡的人。有時和自己喜歡的人，在愛情的路上坎坷難行，相反地，不喜歡的人，卻熱烈地向你追求。

不過，在旁人眼中倒認為你的戀情多采多姿。這種不協調的地方，常是你鬧單戀的原因吧。

Q 2 想多看一點……？

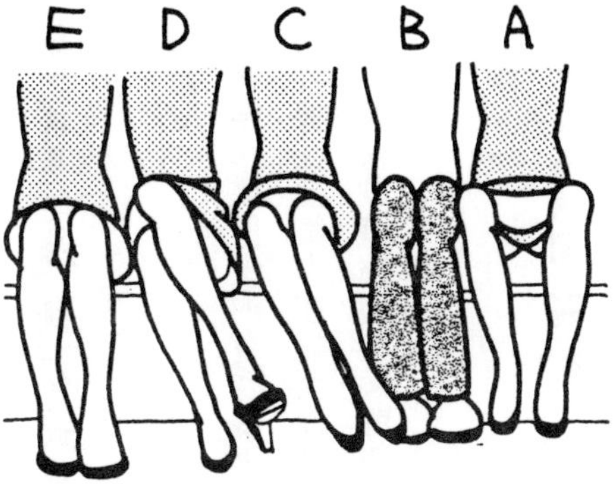

終於和崇拜已久的他約會。

不知是要看電影或到遊園地玩，總之先搭電車再說吧。

但是，坐上電車後二人眼前坐著五名女子，他對其中一名女子耿耿於懷。

你認為他最在意的是那一個女子？

A 2 蹺腳方式會暴露性關心

〈解說〉

在電車或巴士內有許多男性會注意女性的腳。若有穿迷你裙的女性在座，必可發現男性的視線往往集中在該女性的身上。

根據喜歡擺出何種蹺腳姿勢，可以清楚地發現該人的性關心程度。

〈診斷〉

A　稍微張開的雙腳

這種姿勢當然會令男性胡思亂想吧。即使佯裝不正眼瞧對方，視線也忍不住飛向該處。這種男性是健康的類型。

B　長褲型

喜歡女性穿長褲的男性，出人意外地對性極為關心。雖然多半看不出來……。

C　併攏而側擺的雙腳

雖然對性極為關心，然而目前卻處於在愛情方面並不滿足的狀態。

D　蹺起的腳

這是所謂的好色鬼。對性的幻想力也極為豐富。在 PUB 或 SNACK 等小酒吧意外地受人歡迎。

E　筆直併攏的腳

浪漫主義者，較重視與異性在浪漫場合相處的時光，勝於性愛行為，非常珍惜情調的類型。

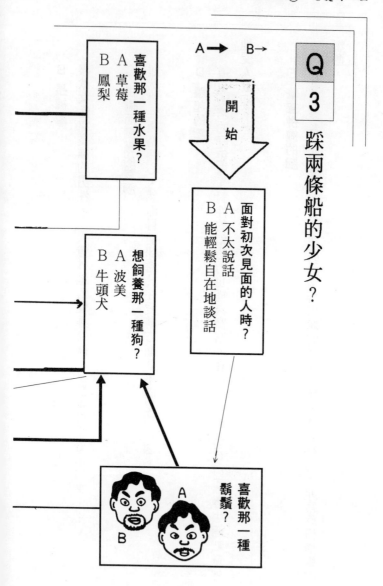

Q 3 踩兩條船的少女？

A→　B→

開始

面對初次見面的人時？
A 不太說話
B 能輕鬆自在地談話

喜歡那一種水果？
A 草莓
B 鳳梨

想飼養那一種狗？
A 波美
B 牛頭犬

喜歡那一種鬍鬚？

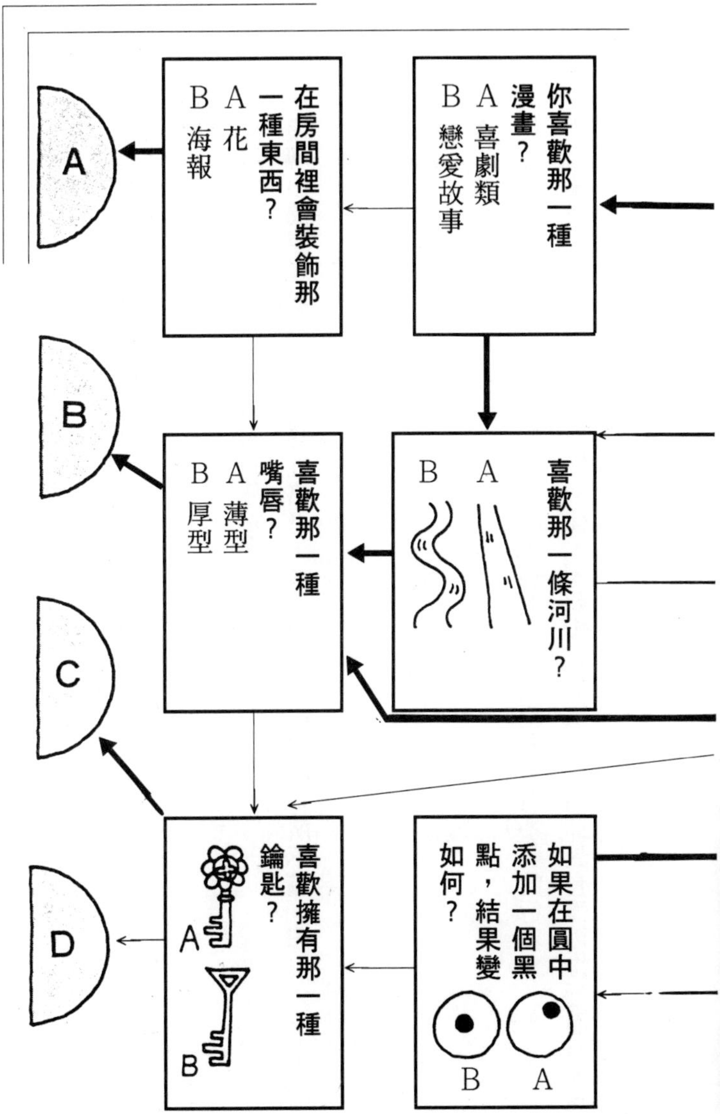
你喜歡那一種漫畫？
A 喜劇類
B 戀愛故事
在房間裡會裝飾那一種東西？
A 花
B 海報
喜歡那一條河川？
A
B
喜歡那一種嘴唇？
A 薄型
B 厚型
如果在圓中添加一個黑點，結果變如何？
A
B
喜歡擁有那一種鑰匙？
A
B
A
B
C
D

A 3 測驗你的性危險度

〈解說〉

從這個測驗可以瞭解性方面的危險度。

表現出渴望追求刺激的危險性格者，多半對目前的生活有所不滿。因為，為了消除日常的慾求不滿，常會追求性方面的刺激。

〈診斷〉

A：危險度零

你是非常小心謹慎、認真的人。和男性的交往也絕不會有不軌的行為。

絕對不會以玩火的心情和異性交往，因此少有危險，然而卻具有難以接近而令人敬而遠之的傾向。

B：危險度30

具有一般好奇心的人。

有時也會渴望體驗一下刺激。如果偶而和男朋友兩人開點黃腔倒無所謂。不過，超過這個限度的行為，恐怕會招來意想不到的糾紛。

C：危險度60

在平常的生活中也常會焦躁不安或渴望經驗某些新鮮事。

不過，本性認真因而無法採取大膽的行為。無理強求只會招來異性的誤解。

D：危險度90

內心潛伏著追求刺激的危險性格。

由於你自己本身散發著危險訊息，因而也常受誘惑。

如果過於冒險，可能會被居心不良的男性所騙。

Q4 燃燒吧！熱情的人！

人，沒有比在工作上或運動上專注投入時的神情更美了。而隨時擁有炙熱的感情也可以說是年輕的證明。

在此要測驗的是你的熱情程度。

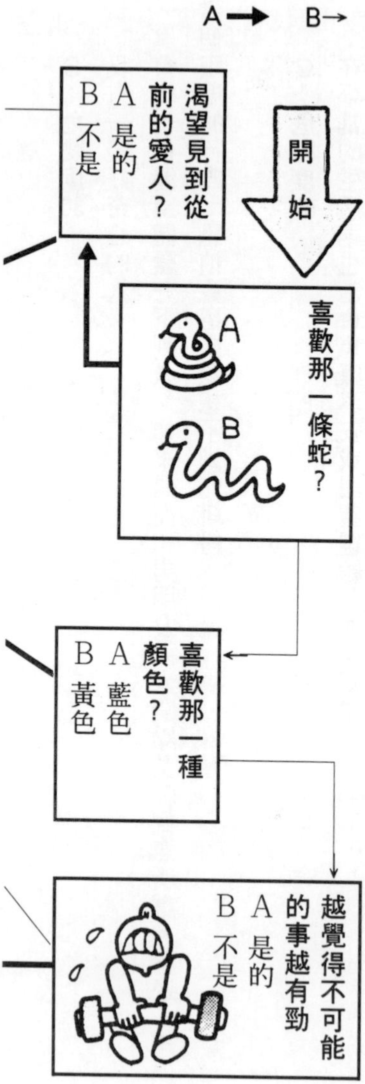

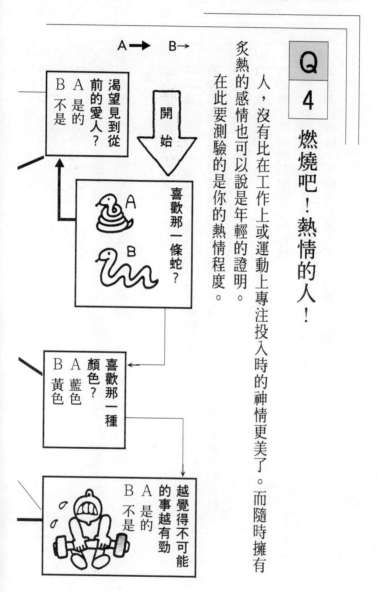

A→
B→
開始
喜歡那一條蛇？
A
B
渴望見到從前的愛人？
A 是的
B 不是
喜歡那一種顏色？
A 藍色
B 黃色
越覺得不可能的事越有勁
A 是的
B 不是

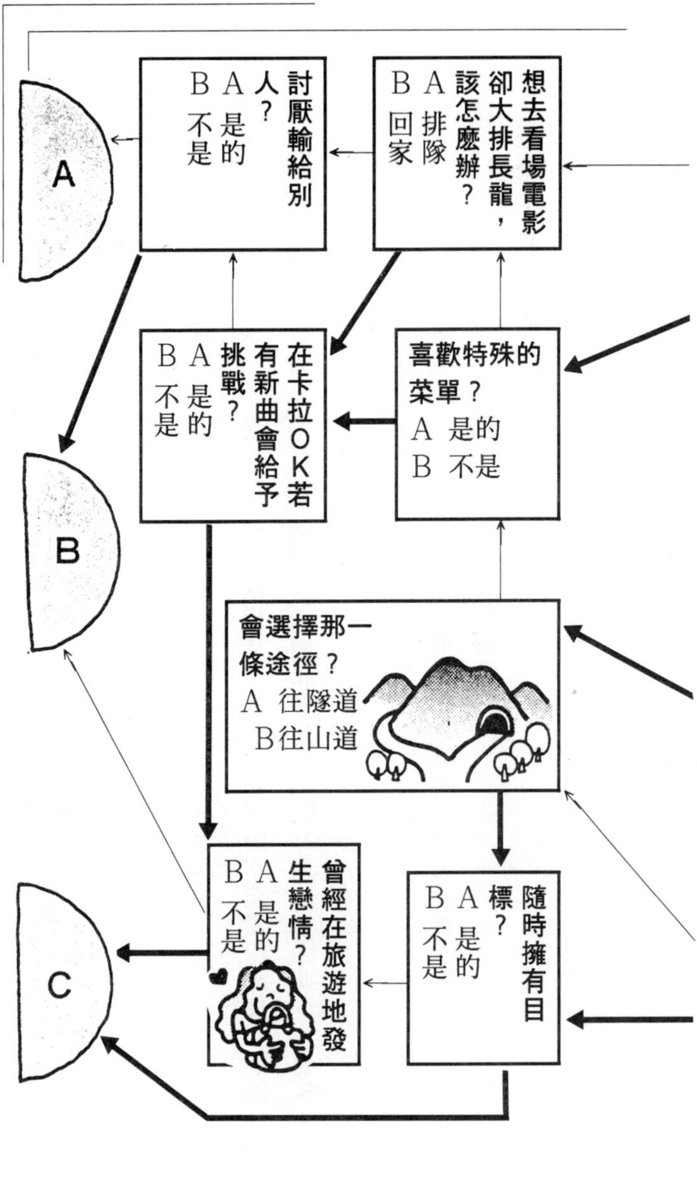
想去看場電影卻大排長龍，該怎麼辦？
A 排隊
B 回家
討厭輸給別人？
A 是的
B 不是
A
喜歡特殊的菜單？
A 是的
B 不是
在卡拉OK若有新曲會給予挑戰？
A 是的
B 不是
B
會選擇那一條途徑？
A 往隧道
B往山道
隨時擁有目標？
A 是的
B 不是
曾經在旅遊地發生戀情？
A 是的
B 不是
C

A 4 瞭解你的熱情度

A類型——慢慢燃燒的炭火型

是所謂的起跑較慢者。不論是在工作上或戀愛方面必須卯足勁才能燃起激情。不過，一旦熱情湧現，連自己都會感到訝異地激烈。同時也具有旺盛的好奇心，因此，只要努力於找到明確的目標即行。

B類型——突然爆發的火燒山型

看起來並不太熱情的人。不過，內心所隱藏的熱情無人可比。有時會不顧周遭人的感受而爆發出來。重要的是要正確而安全地處理你的熱情。

C類型——熊熊燃燒的活火山型

彷彿是「燃燒」一詞所代表的人。在你的身旁一定感到一陣溫暖吧。不過，多少具有獨力奮鬥的傾向，因此，最好能留意和同伴們攜手合作的團體工作。

Q 5

美食的心理學

請以二擇一的方式前進。在兩個答案中挑選喜歡的答案，並根據箭頭往前進行。所到達之處就是你的類型。

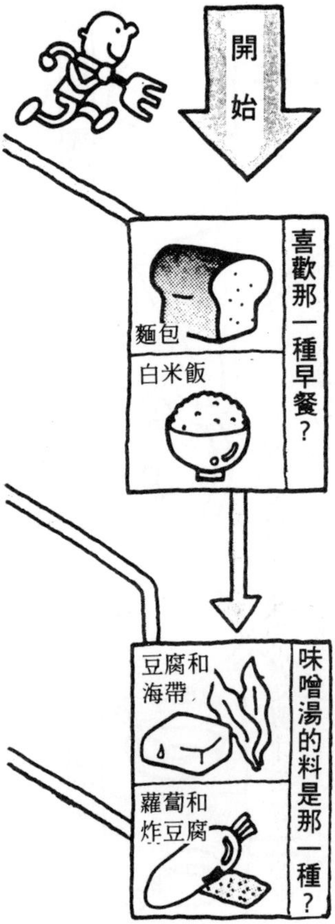

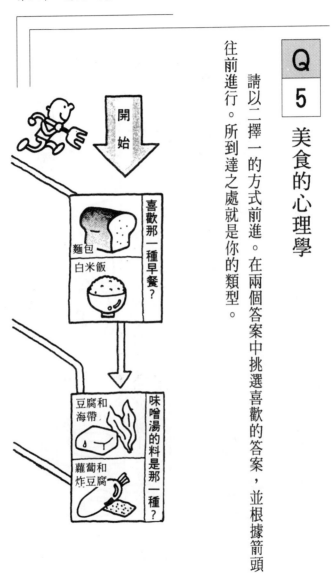

開始
喜歡那一種早餐？
麵包
白米飯
味噌湯的料是那一種？
豆腐和海帶
蘿蔔和炸豆腐

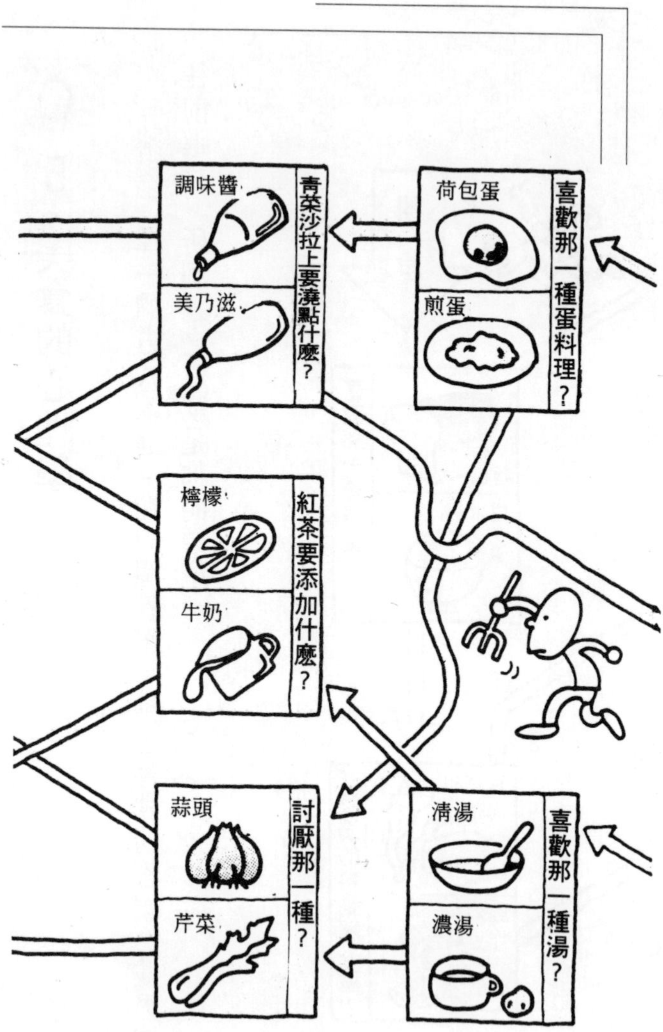
喜歡那一種蛋料理？
荷包蛋
煎蛋
青菜沙拉上要澆點什麼？
調味醬
美乃滋
喜歡那一種湯？
清湯
濃湯
紅茶要添加什麼？
檸檬
牛奶
討厭那一種？
蒜頭
芹菜

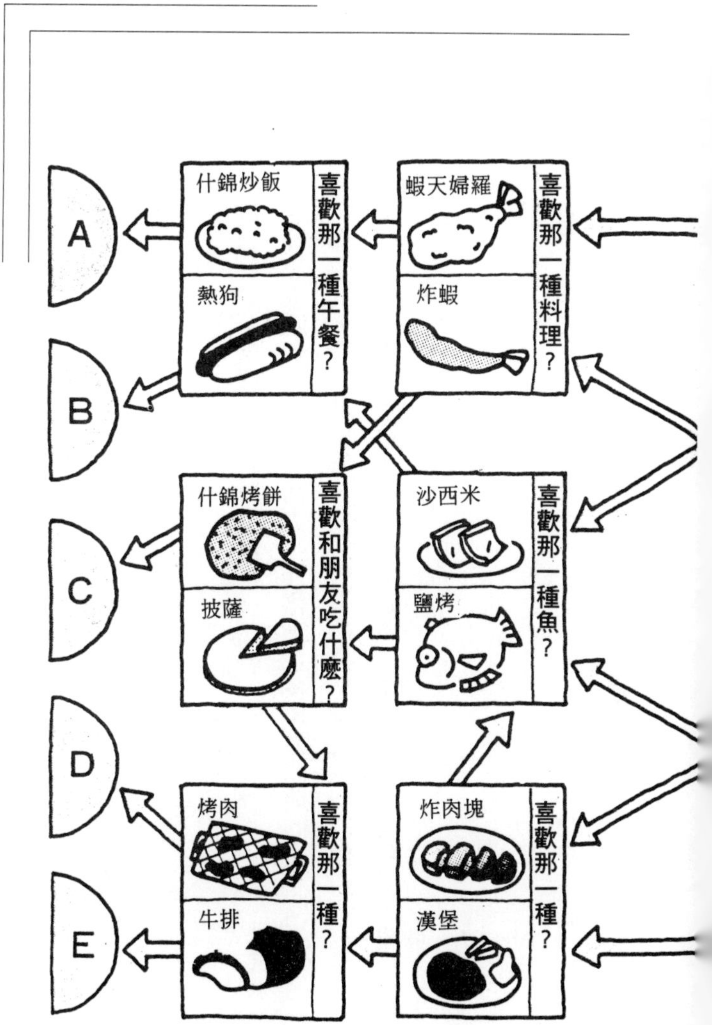
喜歡那一種料理？
蝦天婦羅
炸蝦
喜歡那一種午餐？
什錦炒飯
熱狗
喜歡那一種魚？
沙西米
鹽烤
喜歡和朋友吃什麼？
什錦烤餅
披薩
喜歡那一種？
炸肉塊
漢堡
喜歡那一種？
烤肉
牛排
A
B
C
D
E

A 5

戀愛運強或弱？

〈解說〉

對食物的喜好會反映該人的日常生活。

不挑食、什麼都吃的人充滿著活力，性格上也多半是開朗的人。

相反地，偏食的人帶有神經質，具有對人的好惡過於強烈的傾向。

在此根據對食物的嗜好，可以診斷出你是能積極地建立朋友關係，或對異性採取何種態度等問題。

〈診斷〉

A　順應型

即使感到不快也不形於色，會盡量配合大家的腳步。

平常態度穩健的你，顯得沈著鎮定，因此，深受同伴們的信賴，可以結交任何類型的朋友。不過，在戀愛方面顯得有些消極。

常錯失向心愛的人表達心意的機會，往往在沒有傳達自己的心意之前已結束來往。

B　浪漫型

永遠幻想會有十全十美的異性出現的浪漫主義者。

但是，在現實生活中處事過於慎重，欠缺付諸行動的勇氣。

如果不放寬自己的思考嚴密度、留意與更多的人交往，恐怕永遠只是追逐夢想而不切實際。

在交友方面也有偏頗的傾向，這一點要注意。

C　現狀不滿型

做任何事都無法滿足，顯得焦躁不安、容易憂鬱的類型。雖然一再地接觸不同的事物卻容易中途而廢。
在與異性交往方面，也因嫉妒而常擔心不已或出現糾紛。你所需要的是，能迎合你的步調的人。

D 社交型

不僅是特定的人，還渴望受衆人歡迎。在團體中可以發揮領導能力。
雖然對任何人都表示親切的態度並不為過，卻也會因而被誤解是八面玲瓏的人。可能會被自己並不喜歡的人看上眼，而喜歡的人卻無視你的存在，結果很難掌握特定的對象。

E 熱情型

一旦喜歡上某人則不顧一切，為愛沖昏頭的熱情人。任何冒險也會勇敢地挑戰。
缺點是過度熱衷於個人的事而失去判斷力。甚至無法察覺周遭就有對你暗自傾慕的人。也許在你不知不覺中已傷害到他人。

Q 6　不論男女都要忍耐

從某個角度而言，戀愛也是一種忍耐的遊戲。與異性的心靈溝通也常需要忍耐。

因此，在此測驗一下你的一般忍耐度。

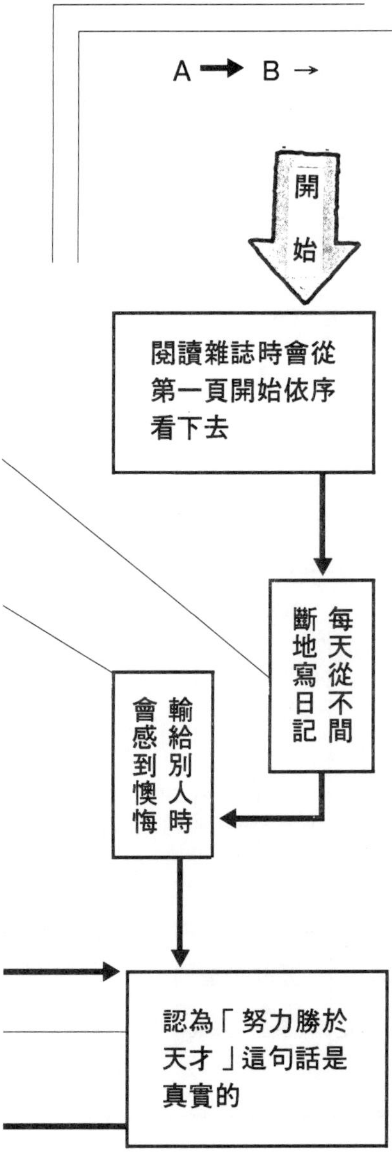

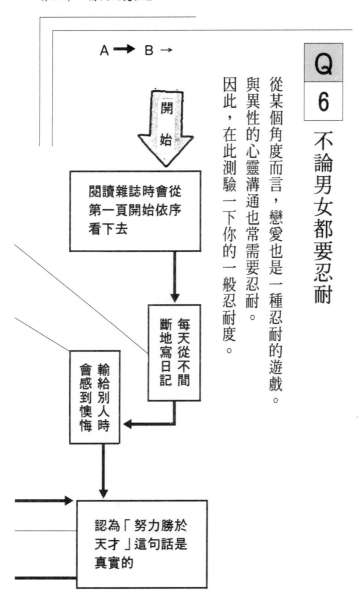

A → B →
開始
閱讀雜誌時會從第一頁開始依序看下去
每天從不間斷地寫日記
輸給別人時會感到懊悔
認為「努力勝於天才」這句話是真實的

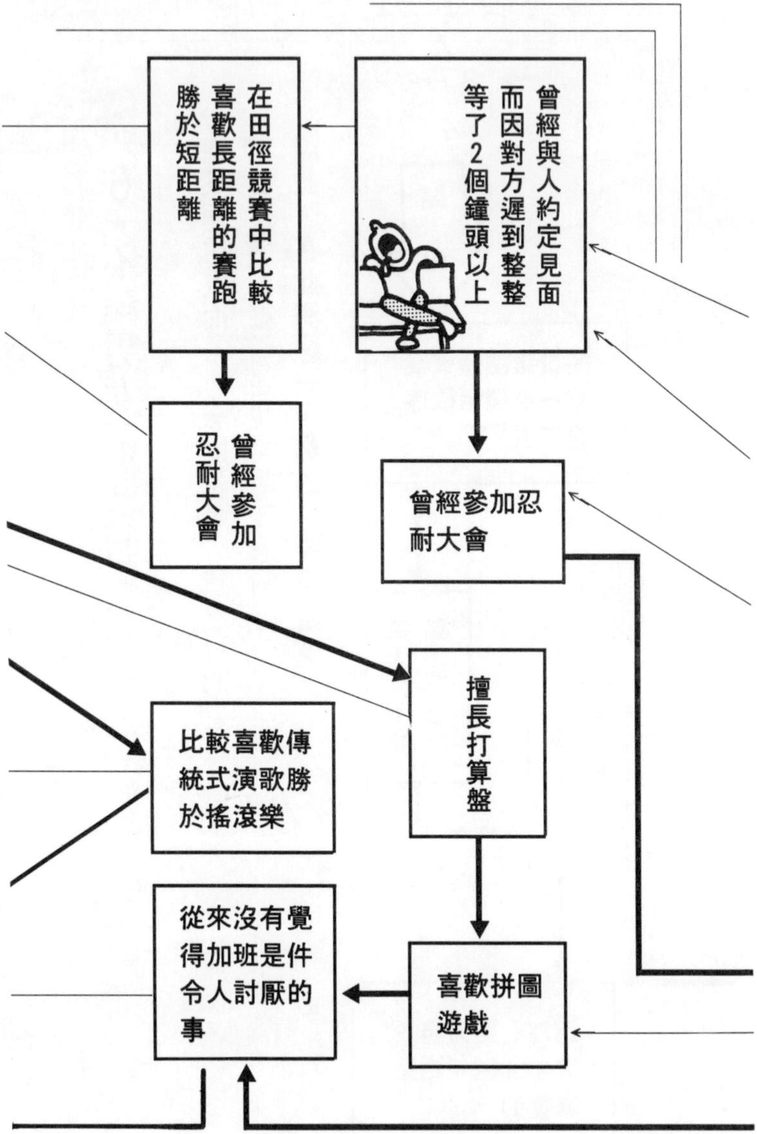
曾經與人約定見面而因對方遲到整整等了2個鐘頭以上
在田徑競賽中比較喜歡長距離的賽跑勝於短距離
曾經參加忍耐大會
曾經參加忍耐大會
擅長打算盤
比較喜歡傳統式演歌勝於搖滾樂
喜歡拼圖遊戲
從來沒有覺得加班是件令人討厭的事

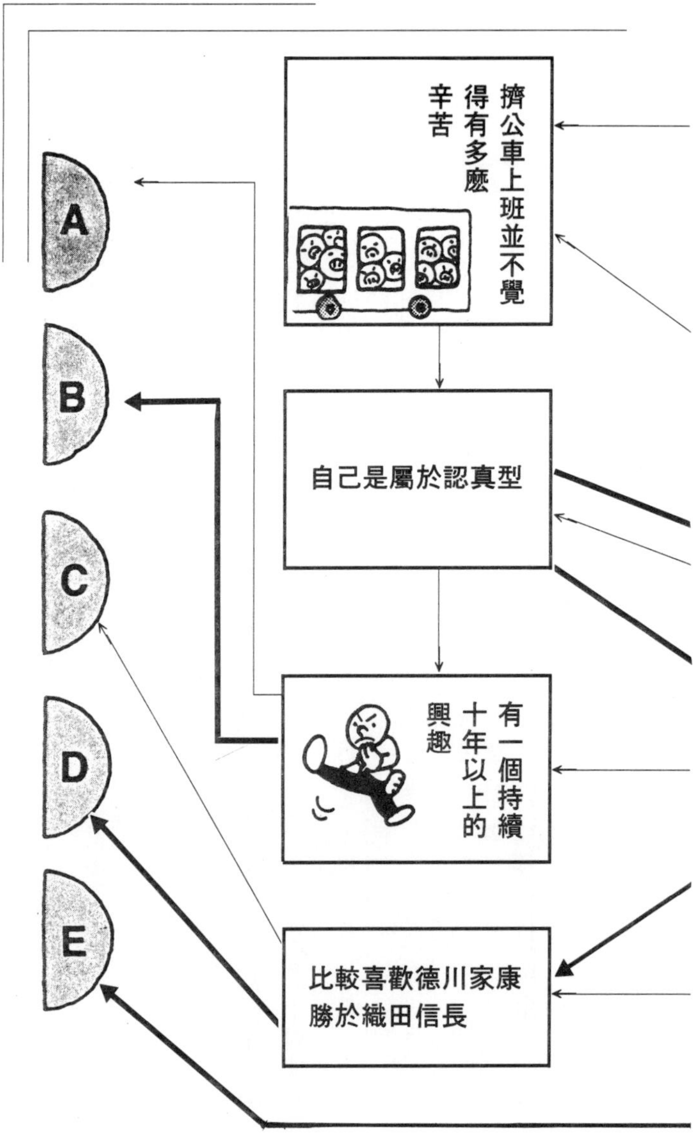
擠公車上班並不覺得有多麼辛苦
自己是屬於認真型
有一個持續十年以上的興趣
比較喜歡德川家康勝於織田信長
A
B
C
D
E

A 6

戀愛有時需要「忍耐」

〈解說〉

不論你的戀愛對象是多麼地完美，舉凡所有的戀愛都是從彼此素昧平生的陌生人關係，因情投意合而搭起愛的橋樑。所謂「情人眼中出西施」，那麼，你在戀愛中對情侶的「忍耐度」如何呢？

〈診斷〉

A類型——一切仰賴他人代勞型

你是可以斷然地宣稱「我的字典裡沒有所謂的努力、耐性、穩紮穩打的字眼」的人。

總而言之，非常討厭繁複麻煩的事，忍耐力是零。

B類型——獨斷獨行型

易熱易冷的你，最不擅長專注於某一件事物上。所以，與人協調或折衝倍感辛苦。最不懂得如何應對忍耐型的戀愛遊戲。

C類型——平均忍耐型

你是最普通的人。忍耐力也是平均值。不過，如果能夠碰見可以使你著迷的人，忍耐力應該會增強一倍。

D類型——長距離型

你是最符合所謂的「以忍致勝」這句形容詞的人。面對目標堅忍不拔地紮實努力的性格，屬於馬拉松型。重視與特定對象之間的關係，會秉持天生的耐性跑到愛情的終點。

E類型——超人型

具有如鋼鐵般的意志，毅然決然地向困難挑戰，使不可能變成可能的人。

具有如此般的忍耐力應該可以和任何對象交往。你可以帶著絕對的自信與他人相處。

Q7 如果你被譬喻為汽水

在人生漫長的歲月中總會有人際關係或戀愛問題上的煩惱。但是，碰到這類問題而畏畏縮縮也無法解決問題。最好的方法還是坦蕩地去面對它。在此對於你人性的清爽度稍做一番調查。

・下面的問題中你能回答幾個「YES」呢？

①早晨很容易叫醒。
②早上會先沖澡後再外出。
③會仔細地刷牙。
④工作以外的交際特多。

⑤眺望海或山時會覺得心情舒暢。
⑥散步以早上最好。
⑦亮麗的衣服較多。
⑧開車最好開著窗戶。
⑨流汗最好的方法是運動。
⑩被人說，笑聲很大。
⑪即使有不快的事也會立即忘得一乾二淨。
⑫不太喜歡歌劇。
⑬有可以商量心事的朋友。
⑭毫不在意金錢的問題。
⑮對自己的笑容有自信。
⑯如果不把髒掉的衣服洗乾淨會顯得不安。
⑰常喝碳酸飲料。

A 7 瞭解妳的清爽度

〈解說〉

稱讚外貌清爽的女人，有各種表現法，諸如清新動人、明眸皓齒、眉目清秀等。

那麼，妳的「清爽度」是多少呢？

〈診斷〉

合計「YES」的數目後再做檢查

「YES」的數目是12～17個……A類型

6～11個……B類型

0～5個……C類型

A類型——碳酸成份百分之百的強烈汽水型

妳實在是個清爽的人。

應該有許多人對妳產生好感與信賴吧！

妳可以維持原有的一切，若要雞蛋裡挑骨頭，也許是在妳的清爽感之外，應添加一點執著吧！

妳將因此而增加做人的變化與份量感。

B類型——甜到好處的蘋果西打型

汽水正因為有適度的甜味與刺激感而令人覺得清爽可口。妳就是這樣的人。

因為具有適度的緊張與顧慮，而可以使周遭的人際關係圓滑。

C類型——消氣的汽水型

妳是會計較無聊的小事或相反地顯得遲鈍的人。

對於這種個性的妳，旁人會感到焦躁不安。您不妨試看努力去扮演妳的清爽感。

Q 8 越危險的戀情越具魅力

憧憬、玫瑰色、純愛……。戀愛是個深具魅力又不可思議的玩意兒。不過，誠如所謂「戀愛是魔鬼」，有時也隱藏著相當可怕的陷阱。這個測驗就是要檢查戀愛的各種面貌。

・下面的問題你可以回答幾個「YES」呢？

①在異性的旁邊會莫名地興奮。
②有一個鮮為人知的特長。
③有時會採取連自己都感到意外的行動。
④出外旅行時會變得大膽。

⑤自認為非常適合戴太陽眼鏡。
⑥身邊有「危險的」朋友。
⑦認為自己永遠年輕。
⑧曾夢見自己站在山崖邊。
⑨有一個自認為最美好的姿勢。
⑩認為自己性感。
⑪有時渴望在馬路中奔跑。
⑫曾經模仿電視CM的情況拍攝兒童的照片。
⑬說話時看著對方的眼睛。
⑭擁有3張以上的信用卡。
⑮酒力強。
⑯眉毛中間斷裂。
⑰信號變成黃燈也快步地橫越馬路。

A8 危險的戀愛也刺激

〈解說〉

最近受異性歡迎的，據說是隱藏有一種「危險的魅力」，可以期待突發事件的人。也許是最近社會上充斥著太多常識型的人吧！

在此將要檢查你的「危險度」。

〈診斷〉

計算「YES」的數目再做檢查。

「YES」的個數是0～5個……A類型

6～11個……B類型

12～17個……C類型

類型A——危險度是0　電氣刮鬍刀型

從好處解釋是冷靜沈著型，壞處解釋則欠缺人性的趣味。

雖然被「危險」的行為所吸引，卻自認辦不到。行動時若能減少一些顧慮應可增加你的生活樂趣。

類型B——危險度百分之50　安全刮鬍刀型

有時會有連自己也意想不到的言行舉動，而事後感到懊悔的類型。

但是，如果顧忌常識、規矩而受其束縛，則難以掌握難得的機會或際遇。輕鬆自在地向危險的事物挑戰，也許能使你更具魅力。

類型C——危險度百分之百　磨得過利的刮鬍刀型

你是太危險的人。

這樣的你在旁人眼中極具魅力，不過，也多半被認為是危險人物。

也許你的言行舉動稍微收斂一些，反而會擴大人性的層面。

大展出版社有限公司　圖書目錄

地址：台北市北投區11204　電話：（02）8236031
致遠一路二段12巷1號　8236033
郵撥： 0166955～1　傳眞：（02）8272069

・法律專欄連載・電腦編號58

台大法學院　法律學系／策劃
法律服務社／編著

①別讓您的權利睡著了1	180元
②別讓您的權利睡著了2	180元

・趣味心理講座・電腦編號15

①性格測驗1	探索男與女	淺野八郎著	140元
②性格測驗2	透視人心奧秘	淺野八郎著	140元
③性格測驗3	發現陌生的自己	淺野八郎著	140元
④性格測驗4	發現你的真面目	淺野八郎著	140元
⑤性格測驗5	讓你們吃驚	淺野八郎著	140元
⑥性格測驗6	洞穿心理盲點	淺野八郎著	140元
⑦性格測驗7	探索對方心理	淺野八郎著	140元
⑧性格測驗8	由吃認識自己	淺野八郎著	140元
⑨性格測驗9	戀愛知多少	淺野八郎著	140元

・婦幼天地・電腦編號16

①八萬人減肥成果	黃靜香譯	150元
②三分鐘減肥體操	楊鴻儒譯	130元
③窈窕淑女美髮秘訣	柯素娥譯	130元
④使妳更迷人	成　玉譯	130元
⑤女性的更年期	官舒妍編譯	130元
⑥胎內育兒法	李玉瓊編譯	120元
⑦愛與學習	蕭京凌編譯	120元
⑧初次懷孕與生產	婦幼天地編譯組	180元
⑨初次育兒12個月	婦幼天地編譯組	180元
⑩斷乳食與幼兒食	婦幼天地編譯組	180元
⑪培養幼兒能力與性向	婦幼天地編譯組	180元
⑫培養幼兒創造力的玩具與遊戲	婦幼天地編譯組	180元

⑬幼兒的症狀與疾病	婦幼天地編譯組	180元
⑭腿部苗條健美法	婦幼天地編譯組	150元
⑮女性腰痛別忽視	婦幼天地編譯組	130元
⑯舒展身心體操術	李玉瓊編譯	130元
⑰三分鐘臉部體操	趙薇妮著	120元
⑱生動的笑容表情術	趙薇妮著	120元
⑲心曠神怡減肥法	川津祐介著	130元
⑳內衣使妳更美麗	陳玄茹譯	130元
㉑瑜伽美姿美容	黃靜香編著	150元

•青 春 天 地•電腦編號17

①A血型與星座	柯素娥編譯	120元
②B血型與星座	柯素娥編譯	120元
③O血型與星座	柯素娥編譯	120元
④AB血型與星座	柯素娥編譯	120元
⑤青春期性教室	呂貴嵐編譯	130元
⑥事半功倍讀書法	王毅希編譯	130元
⑦難解數學破題	宋釗宜編譯	130元
⑧速算解題技巧	宋釗宜編譯	130元
⑨小論文寫作秘訣	林顯茂編譯	120元
⑩視力恢復！超速讀術	江錦雲譯	130元
⑪中學生野外遊戲	熊谷康編著	120元
⑫恐怖極短篇	柯素娥編譯	130元
⑬恐怖夜話	小毛驢編譯	130元
⑭恐怖幽默短篇	小毛驢編譯	120元
⑮黑色幽默短篇	小毛驢編譯	120元
⑯靈異怪談	小毛驢編譯	130元
⑰錯覺遊戲	小毛驢編譯	130元
⑱整人遊戲	小毛驢編譯	120元
⑲有趣的超常識	柯素娥編譯	130元
⑳哦！原來如此	林慶旺編譯	130元
㉑趣味競賽100種	劉名揚編譯	120元
㉒數學謎題入門	宋釗宜編譯	150元
㉓數學謎題解析	宋釗宜編譯	150元
㉔透視男女心理	林慶旺編譯	120元
㉕少女情懷的自白	李桂蘭編譯	120元
㉖由兄弟姊妹看命運	李玉瓊編譯	130元
㉗趣味的科學魔術	林慶旺編譯	150元
㉘趣味的心理實驗室	李燕玲編譯	150元
㉙愛與性心理測驗	小毛驢編譯	130元

㉚刑案推理解謎　小毛驢編譯　130元
㉛偵探常識推理　小毛驢編譯　130元
㉜偵探常識解謎　小毛驢編譯　130元
㉝偵探推理遊戲　小毛驢編譯　130元
㉞趣味的超魔術　廖玉山編著　150元
㉟

・健康天地・電腦編號18

①壓力的預防與治療　柯素娥編譯　130元
②超科學氣的魔力　柯素娥編譯　130元
③尿療法治病的神奇　中尾良一著　130元
④鐵證如山的尿療法奇蹟　廖玉山譯　120元
⑤一日斷食健康法　葉慈容編譯　120元
⑥胃部強健法　陳炳崑譯　120元
⑦癌症早期檢查法　廖松濤譯　130元
⑧老人痴呆症防止法　柯素娥編譯　130元
⑨松葉汁健康飲料　陳麗芬編譯　130元
⑩揉肚臍健康法　永井秋夫著　150元
⑪過勞死、猝死的預防　卓秀貞編譯　130元
⑫高血壓治療與飲食　藤山順豐著　150元
⑬老人看護指南　柯素娥編譯　150元
⑭美容外科淺談　楊啟宏著　150元
⑮美容外科新境界　楊啟宏著　150元

・實用心理學講座・電腦編號21

①拆穿欺騙伎倆　多湖輝著　140元
②創造好構想　多湖輝著　140元
③面對面心理術　多湖輝著　140元
④僞裝心理術　多湖輝著　140元
⑤透視人性弱點　多湖輝著　140元
⑥自我表現術　多湖輝著　150元
⑦不可思議的人性心理　多湖輝著　150元
⑧催眠術入門　多湖輝著　150元

・超現實心理講座・電腦編號22

①超意識覺醒法　詹蔚芬編譯　130元
②護摩秘法與人生　劉名揚編譯　130元
③秘法！超級仙術入門　陸　明譯　150元

④給地球人的訊息	柯素娥編著	150元
⑤密教的神通力	劉名揚編著	130元

•心 靈 雅 集•電腦編號00

①禪言佛語看人生	松濤弘道著	150元
②禪密教的奧秘	葉逯謙譯	120元
③觀音大法力	田口日勝著	120元
④觀音法力的大功德	田口日勝著	120元
⑤達摩禪106智慧	劉華亭編譯	150元
⑥有趣的佛教研究	葉逯謙編譯	120元
⑦夢的開運法	蕭京凌譯	130元
⑧禪學智慧	柯素娥編譯	130元
⑨女性佛教入門	許俐萍譯	110元
⑩佛像小百科	心靈雅集編譯組	130元
⑪佛教小百科趣談	心靈雅集編譯組	120元
⑫佛教小百科漫談	心靈雅集編譯組	150元
⑬佛教知識小百科	心靈雅集編譯組	150元
⑭佛學名言智慧	松濤弘道著	180元
⑮釋迦名言智慧	松濤弘道著	180元
⑯活人禪	平田精耕著	120元
⑰坐禪入門	柯素娥編譯	120元
⑱現代禪悟	柯素娥編譯	130元
⑲道元禪師語錄	心靈雅集編譯組	130元
⑳佛學經典指南	心靈雅集編譯組	130元
㉑何謂「生」 阿含經	心靈雅集編譯組	130元
㉒一切皆空 般若心經	心靈雅集編譯組	130元
㉓超越迷惘 法句經	心靈雅集編譯組	130元
㉔開拓宇宙觀 華嚴經	心靈雅集編譯組	130元
㉕真實之道 法華經	心靈雅集編譯組	130元
㉖自由自在 涅槃經	心靈雅集編譯組	130元
㉗沈默的教示 維摩經	心靈雅集編譯組	130元
㉘開通心眼 佛語佛戒	心靈雅集編譯組	130元
㉙揭秘寶庫 密教經典	心靈雅集編譯組	130元
㉚坐禪與養生	廖松濤譯	110元
㉛釋尊十戒	柯素娥編譯	120元
㉜佛法與神通	劉欣如編著	120元
㉝悟（正法眼藏的世界）	柯素娥編譯	120元
㉞只管打坐	劉欣如編譯	120元
㉟喬答摩•佛陀傳	劉欣如編著	120元
㊱唐玄奘留學記	劉欣如編譯	120元

㊲佛教的人生觀	劉欣如編譯	110元
㊳無門關（上卷）	心靈雅集編譯組	150元
㊴無門關（下卷）	心靈雅集編譯組	150元
㊵業的思想	劉欣如編著	130元
㊶佛法難學嗎	劉欣如著	140元
㊷佛法實用嗎	劉欣如著	140元
㊸佛法殊勝嗎	劉欣如著	140元
㊹因果報應法則	李常傳編	140元
㊺佛教醫學的奧秘	劉欣如編著	150元

•經 營 管 理•電腦編號01

◎創新經營管理六十六大計（精）	蔡弘文編	780元
①如何獲取生意情報	蘇燕謀譯	110元
②經濟常識問答	蘇燕謀譯	130元
③股票致富68秘訣	簡文祥譯	100元
④台灣商戰風雲錄	陳中雄著	120元
⑤推銷大王秘錄	原一平著	100元
⑥新創意•賺大錢	王家成譯	90元
⑦工廠管理新手法	琪　輝著	120元
⑧奇蹟推銷術	蘇燕謀譯	100元
⑨經營參謀	柯順隆譯	120元
⑩美國實業24小時	柯順隆譯	80元
⑪撼動人心的推銷法	原一平著	120元
⑫高竿經營法	蔡弘文編	120元
⑬如何掌握顧客	柯順隆譯	150元
⑭一等一賺錢策略	蔡弘文編	120元
⑮世界經濟戰爭	約翰•渥洛諾夫著	120元
⑯成功經營妙方	鐘文訓著	120元
⑰一流的管理	蔡弘文編	150元
⑱外國人看中韓經濟	劉華亭譯	150元
⑲企業不良幹部群相	琪輝編著	120元
⑳突破商場人際學	林振輝編著	90元
㉑無中生有術	琪輝編著	140元
㉒如何使女人打開錢包	林振輝編著	100元
㉓操縱上司術	邑井操著	90元
㉔小公司經營策略	王嘉誠著	100元
㉕成功的會議技巧	鐘文訓編譯	100元
㉖新時代老闆學	黃柏松編著	100元
㉗如何創造商場智囊團	林振輝編譯	150元
㉘十分鐘推銷術	林振輝編譯	120元

㉙五分鐘育才	黃柏松編譯	100元
㉚成功商場戰術	陸明編譯	100元
㉛商場談話技巧	劉華亭編譯	120元
㉜企業帝王學	鐘文訓譯	90元
㉝自我經濟學	廖松濤編譯	100元
㉞一流的經營	陶田生編著	120元
㉟女性職員管理術	王昭國編譯	120元
㊱ＩＢＭ的人事管理	鐘文訓編譯	150元
㊲現代電腦常識	王昭國編譯	150元
㊳電腦管理的危機	鐘文訓編譯	120元
㊴如何發揮廣告效果	王昭國編譯	150元
㊵最新管理技巧	王昭國編譯	150元
㊶一流推銷術	廖松濤編譯	120元
㊷包裝與促銷技巧	王昭國編譯	130元
㊸企業王國指揮塔	松下幸之助著	120元
㊹企業精銳兵團	松下幸之助著	120元
㊺企業人事管理	松下幸之助著	100元
㊻華僑經商致富術	廖松濤編譯	130元
㊼豐田式銷售技巧	廖松濤編譯	120元
㊽如何掌握銷售技巧	王昭國編著	130元
㊾一分鐘推銷員	廖松濤譯	90元
㊿洞燭機先的經營	鐘文訓編譯	150元
51ＩＢＭ成功商法	巴克・羅傑斯著	130元
52新世紀的服務業	鐘文訓編譯	100元
53成功的領導者	廖松濤編譯	120元
54女推銷員成功術	李玉瓊編譯	130元
55ＩＢＭ人才培育術	鐘文訓編譯	100元
56企業人自我突破法	黃琪輝編著	150元
57超級經理人	羅拔・海勒著	100元
58財富開發術	蔡弘文編著	130元
59成功的店舖設計	鐘文訓編著	150元
60靈巧者成功術	鐘文訓編譯	150元
61企管回春法	蔡弘文編著	130元
62小企業經營指南	鐘文訓編譯	100元
63商場致勝名言	鐘文訓編譯	150元
64迎接商業新時代	廖松濤編譯	100元
65透視日本企業管理	廖松濤　譯	100元
66新手股票投資入門	何朝乾　編	180元
67上揚股與下跌股	何朝乾編譯	150元
68股票速成學	何朝乾編譯	180元
69理財與股票投資策略	黃俊豪編著	180元

⑰黃金投資策略	黃俊豪編著	180元
⑪厚黑管理學	廖松濤編譯	180元
⑫股市致勝格言	呂梅莎編譯	180元
⑬透視西武集團	林谷燁編譯	150元
⑭推銷改變我的一生	柯素娥　譯	120元
⑮推銷始於被拒	盧媚璟　譯	120元
⑯巡迴行銷術	陳蒼杰譯	150元
⑰推銷的魔術	王嘉誠譯	120元
⑱60秒指導部屬	周蓮芬編譯	150元
⑲精銳女推銷員特訓	李玉瓊編譯	130元
⑳企劃、提案、報告圖表的技巧	鄭　汶　譯	180元
㉑海外不動產投資	許達守編譯	150元
㉒八百伴的世界策略	李玉瓊譯	150元
㉓服務業品質管理	吳宜芬譯	180元
㉔零庫存銷售	黃東謙編譯	150元
㉕三分鐘推銷管理	劉名揚編譯	150元
㉖推銷大王奮鬥史	原一平著	150元
㉗豐田汽車的生產管理	林谷燁編譯	150元

・成功寶庫・電腦編號02

①上班族交際術	江森滋著	100元
②拍馬屁訣竅	廖玉山編譯	110元
③一分鐘適應法	林曉陽譯	90元
④聽話的藝術	歐陽輝編譯	110元
⑥克服逆境的智慧	廖松濤　譯	100元
⑦不可思議的人性心理	多湖輝　著	120元
⑧成功的人生哲學	劉明和　譯	120元
⑨求職轉業成功術	陳　義編著	110元
⑩上班族禮儀	廖玉山編著	120元
⑪接近心理學	李玉瓊編著	100元
⑫創造自信的新人生	廖松濤編著	120元
⑬卡耐基的人生指南	林曉鐘編譯	120元
⑭上班族如何出人頭地	廖松濤編著	100元
⑮神奇瞬間瞑想法	廖松濤編譯	100元
⑯人生成功之鑰	楊意苓編著	150元
⑱潛在心理術	多湖輝　著	100元
⑲給企業人的諍言	鐘文訓編著	120元
⑳企業家自律訓練法	陳　義編譯	100元
㉑上班族妖怪學	廖松濤編著	100元
㉒猶太人縱橫世界的奇蹟	孟佑政編著	110元

㉓訪問推銷術	黃靜香編著	130元
㉔改運的秘訣	吳秀美　譯	120元
㉕你是上班族中強者	嚴思圖編著	100元
㉖向失敗挑戰	黃靜香編著	100元
㉗成功心理學	陳蒼杰　譯	100元
㉘墨菲成功定律	吳秀美　譯	130元
㉙機智應對術	李玉瓊編著	130元
㉚成功頓悟100則	蕭京凌編譯	130元
㉛掌握好運100則	蕭京凌編譯	110元
㉜知性幽默	李玉瓊編譯	130元
㉝熟記對方絕招	黃靜香編譯	100元
㉞男性成功秘訣	陳蒼杰編譯	130元
㉟超越巔峯者	C・加菲爾德著	130元
㊱業務員成功秘方	李玉瓊編著	120元
㊲察言觀色的技巧	劉華亭編著	130元
㊳一流領導力	施義彥編譯	120元
㊴一流說服力	李玉瓊編著	130元
㊵30秒鐘推銷術	廖松濤編譯	120元
㊶猶太成功商法	周蓮芬編譯	120元
㊷尖端時代行銷策略	陳蒼杰編著	100元
㊸顧客管理學	廖松濤編著	100元
㊹如何使對方說Yes	程　羲編著	150元
㊺如何提高工作效率	劉華亭編著	150元
㊻企業戰術必勝法	黃靜香編著	130元
㊼上班族口才學	楊鴻儒譯	120元
㊽上班族新鮮人須知	程　羲編著	120元
㊾如何左右逢源	程　羲編著	130元
㊿語言的心理戰	多湖輝著	130元
(51)扣人心弦演說術	劉名揚編著	120元
(52)八面玲瓏成功術	陳　羲譯	130元
(53)如何增進記憶力、集中力	廖松濤譯	130元
(54)頂尖領導人物	陳蒼杰譯	120元
(55)性惡企業管理學	陳蒼杰譯	130元
(56)自我啟發200招	楊鴻儒編著	150元
(57)做個傑出女職員	劉名揚編著	130元
(58)靈活的集團營運術	楊鴻儒編著	120元
(59)必勝交涉強化法	陳蒼杰譯	120元
(60)個案研究活用法	楊鴻儒編著	130元
(61)企業教育訓練遊戲	楊鴻儒編著	120元
(62)管理者的智慧	程　義編譯	130元
(63)做個佼佼管理者	馬筱莉編譯	130元

⑭智慧型說話技巧	沈永嘉編譯	130元
⑮歌德人生箴言	沈永嘉編譯	150元
⑯活用佛學於經營	松濤弘道著	150元
⑰活用禪學於企業	柯素娥編譯	130元
⑱詭辯的智慧	沈永嘉編譯	130元
⑲幽默詭辯術	廖玉山編譯	130元
⑳拿破崙智慧箴言	柯素娥編譯	130元
㉑自我培育・超越	蕭京凌編譯	150元
㉒深層心理術	多湖輝著	130元
㉓深層語言術	多湖輝著	130元
㉔時間即一切	沈永嘉編譯	130元
㉕自我脫胎換骨	柯素娥譯	150元
㉖贏在起跑點—人才培育鐵則	楊鴻儒編譯	150元
㉗做一枚活棋	李玉瓊編譯	130元
㉘面試成功戰略	柯素娥編譯	130元
㉙自我介紹與社交禮儀	柯素娥編譯	130元
㉚說NO的技巧	廖玉山編譯	130元
㉛瞬間攻破心防法	廖玉山編譯	120元
㉜改變一生的名言	李玉瓊編譯	130元
㉝性格性向創前程	楊鴻儒編譯	130元
㉞訪問行銷新竅門	廖玉山編譯	150元
㉟無所不達的推銷話術	李玉瓊編譯	150元

・處 世 智 慧・ 電腦編號03

①如何改變你自己	陸明編譯	120元
②人性心理陷阱	多湖輝著	90元
④幽默說話術	林振輝編譯	120元
⑤讀書36計	黃柏松編譯	120元
⑥靈感成功術	譚繼山編譯	80元
⑦如何使人對你好感	張文志譯	110元
⑧扭轉一生的五分鐘	黃柏松編譯	100元
⑨知人、知面、知其心	林振輝譯	110元
⑩現代人的詭計	林振輝譯	100元
⑪怎樣突破人性弱點	摩　根著	90元
⑫如何利用你的時間	蘇遠謀譯	80元
⑬口才必勝術	黃柏松編譯	120元
⑭女性的智慧	譚繼山編譯	90元
⑮如何突破孤獨	張文志編譯	80元
⑯人生的體驗	陸明編譯	80元
⑰微笑社交術	張芳明譯	90元

⑱幽默吹牛術	金子登著	90元
⑲攻心說服術	多湖輝著	100元
⑳當機立斷	陸明編譯	70元
㉑勝利者的戰略	宋恩臨編譯	80元
㉒如何交朋友	安紀芳編著	70元
㉓鬥智奇謀（諸葛孔明兵法）	陳炳崑著	70元
㉔慧心良言	亦　奇著	80元
㉕名家慧語	蔡逸鴻主編	90元
㉖金色的人生	皮爾著	80元
㉗稱霸者啟示金言	黃柏松編譯	90元
㉘如何發揮你的潛能	陸明編譯	90元
㉙女人身態語言學	李常傳譯	130元
㉚摸透女人心	張文志譯	90元
㉛現代戀愛秘訣	王家成譯	70元
㉜給女人的悄悄話	妮倩編譯	90元
㉝行為語言的奧秘	歆夫編譯	110元
㉞如何開拓快樂人生	陸明編譯	90元
㉟驚人時間活用法	鐘文訓譯	80元
㊱成功的捷徑	鐘文訓譯	70元
㊲幽默逗笑術	林振輝著	120元
㊳活用血型讀書法	陳炳崑譯	80元
㊴心　燈	葉于模著	100元
㊵當心受騙	林顯茂譯	90元
㊶心・體・命運	蘇燕謀譯	70元
㊷如何使頭腦更敏銳	陸明編譯	70元
㊸宮本武藏五輪書金言錄	宮本武藏著	100元
㊹厚黑說服術	多湖輝著	90元
㊺勇者的智慧	黃柏松編譯	80元
㊼成熟的愛	林振輝譯	120元
㊽現代女性駕馭術	蔡德華著	90元
㊾禁忌遊戲	酒井潔著	90元
㊿自我表現術	多湖輝著	100元
51女性的魅力・年齡	廖玉山譯	90元
52摸透男人心	劉華亭編譯	80元
53如何達成願望	謝世輝著	90元
54創造奇蹟的「想念法」	謝世輝著	90元
55創造成功奇蹟	謝世輝著	90元
56男女幽默趣典	劉華亭譯	90元
57幻想與成功	廖松濤譯	80元
58反派角色的啟示	廖松濤編譯	70元
59現代女性須知	劉華亭編著	75元

⑥⓪一分鐘記憶術	廖玉山譯	90元
⑥①機智說話術	劉華亭編譯	100元
⑥②如何突破內向	姜倩怡編譯	110元
⑥③扭轉自我的信念	黃　翔編譯	100元
⑥④讀心術入門	王家成編譯	100元
⑥⑤如何解除內心壓力	林美羽編著	110元
⑥⑥取信於人的技巧	多湖輝著	110元
⑥⑦如何培養堅強的自我	林美羽編著	90元
⑥⑧自我能力的開拓	卓一凡編著	110元
⑥⑨求職的藝術	吳秀美編譯	100元
⑦⓪縱橫交涉術	嚴思圖編著	90元
⑦①如何培養妳的魅力	劉文珊編著	90元
⑦②魅力的力量	姜倩怡編著	90元
⑦③金錢心理學	多湖輝著	100元
⑦④語言的圈套	多湖輝著	110元
⑦⑤個性膽怯者的成功術	廖松濤編譯	100元
⑦⑥人性的光輝	文可式編著	90元
⑦⑦如何建立自信心	諾曼・比爾著	90元
⑦⑧驚人的速讀術	鐘文訓編譯	90元
⑦⑨培養靈敏頭腦秘訣	廖玉山編著	90元
⑧⓪夜晚心理術	鄭秀美編譯	80元
⑧①如何做個成熟的女性	李玉瓊編著	80元
⑧②現代女性成功術	劉文珊編著	90元
⑧③成功說話技巧	梁惠珠編譯	100元
⑧④人生的真諦	鐘文訓編譯	100元
⑧⑤妳是人見人愛的女孩	廖松濤編著	120元
⑧⑥精神緊張速解法	F・查爾斯著	90元
⑧⑦指尖・頭腦體操	蕭京凌編譯	90元
⑧⑧電話應對禮儀	蕭京凌編著	90元
⑧⑨自我表現的威力	廖松濤編譯	100元
⑨⓪名人名語啟示錄	喬家楓編著	100元
⑨①男與女的哲思	程鐘梅編譯	110元
⑨②靈思慧語	牧　風著	110元
⑨③心靈夜語	牧　風著	100元
⑨④激盪腦力訓練	廖松濤編譯	100元
⑨⑤三分鐘頭腦活性法	廖玉山編譯	110元
⑨⑥星期一的智慧	廖玉山編譯	100元
⑨⑦溝通說服術	賴文琇編譯	100元
⑨⑧超速讀超記憶法	廖松濤編譯	120元

•健康與美容•電腦編號04

①B型肝炎預防與治療	曾慧琪譯	130元
③媚酒傳（中國王朝秘酒）	陸明主編	120元
④藥酒與健康果菜汁	成玉主編	150元
⑤中國回春健康術	蔡一藩著	100元
⑥奇蹟的斷食療法	蘇燕謀譯	110元
⑧健美食物法	陳炳崑譯	120元
⑨驚異的漢方療法	唐龍編著	90元
⑩不老強精食	唐龍編著	100元
⑪經脈美容法	月乃桂子著	90元
⑫五分鐘跳繩健身法	蘇明達譯	100元
⑬睡眠健康法	王家成譯	80元
⑭你就是名醫	張芳明譯	90元
⑮如何保護你的眼睛	蘇燕謀譯	70元
⑯自我指壓術	今井義睛著	120元
⑰室內身體鍛錬法	陳炳崑譯	100元
⑱飲酒健康法	J・亞當姆斯著	100元
⑲釋迦長壽健康法	譚繼山譯	90元
⑳腳部按摩健康法	譚繼山譯	120元
㉑自律健康法	蘇明達譯	90元
㉓身心保健座右銘	張仁福著	160元
㉔腦中風家庭看護與運動治療	林振輝譯	100元
㉕秘傳醫學人相術	成玉主編	120元
㉖導引術入門(1)治療慢性病	成玉主編	110元
㉗導引術入門(2)健康・美容	成玉主編	110元
㉘導引術入門(3)身心健康法	成玉主編	110元
㉙妙用靈藥・蘆薈	李常傳譯	90元
㉚萬病回春百科	吳通華著	150元
㉛初次懷孕的10個月	成玉編譯	100元
㉜中國秘傳氣功治百病	陳炳崑編譯	130元
㉞仙人成仙術	陸明編譯	100元
㉟仙人長生不老學	陸明編譯	100元
㊱釋迦秘傳米粒刺激法	鐘文訓譯	120元
㊲痔・治療與預防	陸明編譯	130元
㊳自我防身絕技	陳炳崑編譯	120元
㊴運動不足時疲勞消除法	廖松濤譯	110元
㊵三溫暖健康法	鐘文訓編譯	90元
㊷維他命C新效果	鐘文訓譯	90元
㊸維他命與健康	鐘文訓譯	120元

㊺森林浴—綠的健康法	劉華亭編譯	80元
㊼導引術入門(4)酒浴健康法	成玉主編	90元
㊽導引術入門(5)不老回春法	成玉主編	90元
㊾山白竹（劍竹）健康法	鐘文訓譯	90元
㊿解救你的心臟	鐘文訓編譯	100元
51牙齒保健法	廖玉山譯	90元
52超人氣功法	陸明編譯	110元
53超能力秘密開發法	廖松濤譯	80元
54借力的奇蹟(1)	力拔山著	100元
55借力的奇蹟(2)	力拔山著	100元
56五分鐘小睡健康法	呂添發撰	100元
57禿髮、白髮預防與治療	陳炳崑撰	100元
58吃出健康藥膳	劉大器著	100元
59艾草健康法	張汝明編譯	90元
60一分鐘健康診斷	蕭京凌編譯	90元
61念術入門	黃静香編譯	90元
62念術健康法	黃静香編譯	90元
63健身回春法	梁惠珠編譯	100元
64姿勢養生法	黃秀娟編譯	90元
65仙人瞑想法	鐘文訓譯	120元
66人蔘的神效	林慶旺譯	100元
67奇穴治百病	吳通華著	120元
68中國傳統健康法	靳海東著	100元
69下半身減肥法	納他夏・史達賓著	110元
70使妳的肌膚更亮麗	楊　皓編譯	100元
71酵素健康法	楊　皓編譯	120元
72做一個快樂的病人	吳秀美譯	100元
73腰痛預防與治療	五味雅吉著	100元
74如何預防心臟病・腦中風	譚定長等著	100元
75少女的生理秘密	蕭京凌譯	120元
76頭部按摩與針灸	楊鴻儒譯	100元
77雙極療術入門	林聖道著	100元
78氣功自療法	梁景蓮著	100元
79大蒜健康法	李玉瓊編譯	100元
80紅蘿蔔汁斷食療法	李玉瓊譯	120元
81健胸美容秘訣	黃靜香譯	100元
82鍺奇蹟療效	林宏儒譯	120元
83三分鐘健身運動	廖玉山譯	120元
84尿療法的奇蹟	廖玉山譯	120元
85神奇的聚積療法	廖玉山譯	120元
86預防運動傷害伸展體操	楊鴻儒編譯	120元

⑰糖尿病預防與治療	石莉涓譯	150元
⑱五日就能改變你	柯素娥譯	110元
⑲三分鐘氣功健康法	陳美華譯	120元
⑳痛風劇痛消除法	余昇凌譯	120元
㉑道家氣功術	早島正雄著	130元
㉒氣功減肥術	早島正雄著	120元
㉓超能力氣功法	柯素娥譯	130元
㉔氣的瞑想法	早島正雄著	120元

•家庭／生活• 電腦編號05

①單身女郎生活經驗談	廖玉山編著	100元
②血型•人際關係	黃静編著	120元
③血型•妻子	黃静編著	110元
④血型•丈夫	廖玉山編譯	130元
⑤血型•升學考試	沈永嘉編譯	120元
⑥血型•臉型•愛情	鐘文訓編譯	120元
⑦現代社交須知	廖松濤編譯	100元
⑧簡易家庭按摩	鐘文訓編譯	150元
⑨圖解家庭看護	廖玉山編譯	120元
⑩生男育女隨心所欲	岡正基編著	120元
⑪家庭急救治療法	鐘文訓編著	100元
⑫新孕婦體操	林曉鐘譯	120元
⑬從食物改變個性	廖玉山編譯	100元
⑭職業婦女的衣著	吳秀美編譯	120元
⑮成功的穿著	吳秀美編譯	120元
⑯現代人的婚姻危機	黃　静編著	90元
⑰親子遊戲　0歲	林慶旺編譯	100元
⑱親子遊戲　1～2歲	林慶旺編譯	110元
⑲親子遊戲　3歲	林慶旺編譯	100元
⑳女性醫學新知	林曉鐘編譯	130元
㉑媽媽與嬰兒	張汝明編譯	150元
㉒生活智慧百科	黃　静編譯	100元
㉓手相•健康•你	林曉鐘編譯	120元
㉔菜食與健康	張汝明編譯	110元
㉕家庭素食料理	陳東達著	140元
㉖性能力活用秘法	米開•尼里著	130元
㉗兩性之間	林慶旺編譯	120元
㉘性感經穴健康法	蕭京凌編譯	110元
㉙幼兒推拿健康法	蕭京凌編譯	100元
㉚談中國料理	丁秀山編著	100元

國家圖書館出版品預行編目資料

性格測驗　9　戀愛的心理／淺野八郎著
；李玉瓊譯　--初版　--臺北市：大展，民83
面；　　公分　--（趣味心理講座；9）
譯自：性格グーム　第9集　出会いと別れの
心理テスト
ISBN 957-557-436-2（平裝）
1. 心理測驗
179　　　　　　　　　　　83002160

本書原名：性格ゲーム・第９集
出会いと別れの心理テスト
原発行所：KKベストセラーズ
原作者淺野八郎先生授權出版

版權仲介：京王文化事業有限公司

性格測驗⑨　**戀愛的心理**　ISBN 957-557-436-2

原著者／淺野八郎
編譯者／李玉瓊
發行人／蔡森明
出版者／大展出版社有限公司
社　址／台北市北投區（石牌）致遠一路二段12巷1號
電　話／(02) 8236031・8236033
傳　眞／(02) 8272069
郵政劃撥／0166955－1
登記證／局版臺業字第2171號
承印者／高星企業有限公司
裝　訂／日新裝訂所
排版者／千兵企業有限公司
初　版／1994年（民83年）4月
2　刷／1995年（年84年）10月
3　刷／1996年（民85年）12月
4　刷／1997年（民86年）2月　　定　價／160元

大展好書 好書大展